VOCÊ
&CIA.

APARECIDA LIBERATO
E BETO JUNQUEYRA

VOCÊ &CIA.

CRIE A SUA!

A verdadeira energia de marcas e nomes vencedores

2ª edição

Rio de Janeiro | 2014

CIP-BRASIL. CATALOGAÇÃO NA FONTE
SINDICATO NACIONAL DOS EDITORES DE LIVROS, RJ.

Liberato, Aparecida
L666v Você & cia / Aparecida Liberato, Beto Junqueyra. – 2. ed. – Rio de Janeiro:
2ª ed. Best*Seller*, 2014.
il.

Apêndice
ISBN 978-85-7684-791-5

1. Numerologia. 2. Simbolismo dos números. I. Junqueyra, Beto, 1960-. II. Título.

13-05481 CDD: 133.3359
CDU: 133.3:511

Texto revisado segundo o novo Acordo Ortográfico da Língua Portuguesa.

Título
VOCÊ & CIA

Capa: Gabinete de Artes
Editoração eletrônica: FA Studio

EDITORA BEST SELLER LTDA.
Rua Argentina, 171, parte, São Cristóvão
Rio de Janeiro, RJ — 20921-380

Impresso no Brasil

ISBN 978-85-7684-791-5

Sumário

A maior energia de um Nome e de uma grande Marca!

Fim do século XIX. Em Atlanta, nos Estados Unidos, um farmacêutico não se cansava de manipular fórmulas medicinais. O Dr. John Stith Pemberton acreditava que poderia inventar um xarope para dores de cabeça, um dos grandes males da humanidade já naquela época.

Após muitas fórmulas e testes, John criou um líquido de cor caramelo, ao qual foi adicionado água gasosa. A solução ou bebida era tão saborosa e refrescante que caiu no gosto da clientela da Jacob's Pharmacy. A tal bebida era comercializada em copos ao preço de cinco centavos (de dólar). Logo no primeiro ano, a farmácia vendeu em média nove copos por dia do xarope com gás, apreciado cada vez mais pelos habitantes daquela cidade do estado da Geórgia, no sudeste do país.

Frank Robinson, contador de John Pemberton, sugeriu um nome para seu "xarope" e escreveu a grafia à mão. A marca dada ao produto foi criada aparentemente por conta da sua fácil sonoridade, o que facilitaria a memorização e favoreceria, por consequência, sua popularização. No entanto, havia certamente uma energia muito mais forte por trás, ou melhor, *dentro* dessa marca...

Como era um inventor e não um empresário, John Pemberton não podia sequer imaginar e projetar o sucesso que sua bebida poderia fazer no futuro. Em 1888, ele vendeu sua empresa a Asa Griggs Candler, um empresário e dono de farmácia. O valor da transação foi de pouco mais de dois mil dólares.

Candler foi o responsável por transformar uma invenção num grande negócio, valorizando exponencialmente a marca. Ele fundou uma empresa com o mesmo nome da marca original. Com sua visão futurista e sua capacidade de desenvolver e executar estratégias de marketing, Candler investiu em campanhas publicitárias criativas e audaciosas para os padrões da época. Entre as inúmeras ações promocionais que lançou no mercado, ficaram famosos os cupons que davam às pessoas a oportunidade de fazer uma degustação da bebida, assim como calendários e relógios com a logomarca do produto, que eram distribuídos como brindes.

Esse marketing agressivo foi tão bem-sucedido que em 1895 Candler já tinha fábricas em Chicago, Dallas e Los Angeles. Em 1916, seu produto começou a ser acondicionado em uma garrafa de contornos arredondados que quase se moldava à mão do consumidor. Esse design inovador propiciou ainda mais autenticidade e personalidade à bebida e à marca.

Após a morte de Candler, em 1919, seus filhos venderam a empresa a um grupo de empresários liderados por Ernest Woodruff e W. C. Bradley. A partir daí, por meio de estratégias de marketing cada vez mais eficientes, a marca se popularizou em todo o mundo.

Talvez a esta altura você já tenha descoberto que estamos falando de uma das marcas mais valiosas que existem. Ela lidera as pesquisas quando se pergunta aos consumidores qual a primeira marca que lhes vêm à cabeça. Ela é a marca de uma bebida consumida nos quatro cantos do planeta. Sim, estamos falando da...

COCA-COLA!

O nome Coca-Cola é de fato muito fácil de memorizar, como planejou seu idealizador. Mas, como todas as marcas vencedoras, COCA-COLA tem uma energia poderosa na sua composição, que abriu caminho para esse sucesso. Não estamos falando apenas da fórmula da bebida, mas também da composição do nome em si, da energia que têm as letras que constituem a marca COCA-COLA.

O nome é a identidade. Ele distingue e individualiza. Nome é vida. Há nomes que emanam energia positiva e construtiva e que se transformam em verdadeiras marcas, como Mona Lisa, Superman, Pelé, Chanel e Facebook. Apenas para exemplificar, o nome do quadro de Leonardo da Vinci, *Mona Lisa*, traz grande poder de comunicação e popularidade por causa de seu número 3. Da mesma forma, o nome Superman também dá ao personagem a força e o poder pessoal que emanam do número 8.

Nas letras de um nome ou de uma marca estão as características, a força, o presente e o futuro. Por isso, **eles devem e podem ser criados buscando-se números que atraiam essa energia auspiciosa**. A ciência que explica essa qualidade presente nos nomes e marcas é a Numerologia. Neste livro, você descobrirá quais são essas energias emanadas das letras que formam o nome ou marca dos mais variados tipos de profissionais, produtos e empresas.

Número é energia. A cada letra corresponde um número. Veja a seguir a correspondência dos números e letras:

TABELA DE CONVERSÃO DE LETRAS

1	2	3	4	5	6	7	8	9
A	B	C	D	E	F	G	H	I
J	K	L	M	N	O	P	Q	R
S	T	U	V	W	X	Y	Z	

A energia contida em um nome tem como base informações obtidas pela soma dos números correspondentes às vogais, pela soma dos números correspondentes às consoantes e pelo total das letras.

Cada número obtido nesses somatórios traz um determinado tipo de energia para o nome ou marca.

Vamos usar o exemplo da marca Coca-Cola para ilustrar a maneira de fazer esses cálculos.

Soma das vogais		6		1			6		1	> 6 + 1 + 6 + 1 = 14 > 1 + 4 = **5**
	C	**O**	**C**	**A**		**C**	**O**	**L**	**A**	
Soma das consoantes	3		3			3		3		> 3 + 3 + 3 + 3 = 12 > 1 + 2 = **3**
Soma total										> **5 + 3 = 8**

Note que a tabela é composta por simples contas de adição.
Só isso. É muito fácil!

Para que você comece a se familiarizar com os números, numa análise empresarial, saiba que:

O número 1 traz a energia de liderança, iniciativa e inovação;
O número 2, a energia de colaboração, assessoria, relacionamento;
O número 3, a energia de comunicação, visibilidade;
O número 4, a energia de planejamento detalhado, organização;
O número 5, a energia de evolução, ousadia, criatividade;
O número 6, a energia de boa receptividade;
O número 7, a energia de análise, lógica, solução de problemas;
O número 8, a energia de eficiência, solidez e estratégia;
O número 9, a energia de universalidade e empatia;
O número 11, a energia de liderança, de originalidade.

No caso da Coca-Cola, a soma das vogais tem como resultado o número 5, que representa a energia que abre seus canais para o crescimento, a versatilidade e a ousadia.

Você conhecerá também outros números de forte energia que determinam o sucesso de um executivo ou de uma marca, como aquele que é resultante da soma das consoantes. A marca Coca-Cola, nesse caso, tem um número 3, que representa a energia que traz grande visibilidade por parte do público e, consequentemente, boas vendas. Já a soma de todas as letras do nome dá um número 8, energia de solidez e eficiência.

Mas a explicação de um nome ou marca de sucesso não termina aqui. Nem poderia. Há muito mais para se aprofundar. O nome com o qual um empresário ou executivo se apresenta no mercado também carrega uma determinada força e, quando bem escolhido, poderá aumentar suas chances de sucesso. E por trás de uma marca que brilha deve haver também o nome da empresa, a razão social e também o nome fantasia, cujos números devem ter uma energia equilibrada que favoreça o sucesso. THE COCA-COLA COMPANY, a razão social da empresa Coca-Cola, tem na soma das suas vogais um número 6, a energia que traz boa receptividade e atrai as pessoas. Já a soma das consoantes da razão social equivale a um 5, a energia de evolução e progresso, número da criatividade, sempre presente nas estratégias revolucionárias do produto. E a soma do nome completo da companhia dá um número 11, energia de liderança e de grande potencial de sucesso para atingir um grande número de pessoas.

A Coca-Cola ilustra como os números podem influenciar na criação de uma marca, nome fantasia e razão social de uma empresa. **A empresa deve ter nomes equilibrados, mas isso não basta. É necessário que o empresário ou o executivo também usem nomes de apresentação que atraiam prosperidade. Afinal, o seu nome profissional é a sua Marca, que chamaremos daqui para a frente de sua Marca Pessoal.**

Você certamente almeja trilhar uma carreira de sucesso e quer saber qual o melhor nome, qual a melhor Marca Pessoal para se apresentar no mundo corporativo.

É possível que você já tenha sonhado em montar seu próprio negócio. Talvez você tenha mesmo aberto sua empresa e agora queira ser bem-sucedido. Ou, ainda, você já tem uma ideia do que pode e deseja fazer, mas lhe falta coragem.

Em todos esses casos, o que você precisa saber é que tipo de energia faz uma empresa ou carreira ser bem-sucedida. Sim, esse potencial existe na forma de uma vibração que está presente no universo e que pode entrar em harmonia com a energia que existe dentro de você. O universo nos fornece chaves que, quando corretamente interpretadas, se transformam em verdadeiros instrumentos para a compreensão da natureza humana. E é conhecendo profundamente os números que fazem ou farão parte da vida da sua empresa ou da sua trajetória profissional que você poderá abrir os canais mais favoráveis para atingir os resultados que deseja.

Dividimos este livro em duas partes. Na Parte I abordaremos o mundo executivo e sua carreira. Na Parte II vamos focar nos números da empresa que você criou ou deseja constituir. Nas duas situações, como empresário ou como executivo, vamos ajudá-lo a descobrir e equilibrar esses números. Mostraremos a você, por meio de exemplos bem-sucedidos, como escolher o nome para assinar seus contratos, e-mails e cartões de visitas, ou seja, como você vai se apresentar. E vamos auxiliá-lo também a escolher nomes com números equilibrados para a razão social, o nome fantasia e a marca que irá representar o seu negócio.

Afinal, no universo pode haver energia para consolidar uma grande Marca que esteja em sintonia com você!

A energia motora para o seu sucesso

Os números sempre existiram para dar sentido a tudo. Eles têm a função de organizar o mundo. Eles nos dão grandeza e nos situam no tempo e no espaço. A partir deles é possível comparar e estabelecer relações entre coisas e fatos.

No entanto, outra manifestação do número, diferente dessa que conhecemos na aritmética, é a que dá características a ele e que exprime qualidade. O estudo das propriedades dos números foi desenvolvido pelo filósofo grego Pitágoras. Em sua escola, na Grécia antiga, os números ganharam o status de essência de todas as coisas. Em poucas palavras, para Pitágoras, "tudo no mundo resulta em números e conhecê-los significa conhecer a si mesmo".

Mas antes mesmo do surgimento da escola pitagórica, no Egito Antigo, muitas civilizações davam aos números um significado divino, com poderes ocultos. Para elas, o Universo tinha força de vida, e os números eram considerados unidades dessa força, verdadeiros princípios energéticos formadores da natureza. As letras também possuem números que, por sua vez, contêm e irradiam energia. Para os judeus, as letras hebraicas são agentes criadores, e é por meio das palavras que Deus cria constantemente o Universo. Existe, portanto, uma relação direta entre os acontecimentos do Universo e as letras hebraicas. A isso se dá o nome de gematria. O nome que identifica algo é tão importante que, na Bíblia, alguns personagens o mudam para que, com esse novo nome — e, consequentemente, com uma nova energia —, sejam capazes de cumprir sua missão perante a humanidade.

No mundo inteiro os números e as letras têm significados especiais. Na Índia, segundo a filosofia Vastu, uma moradia deve proporcionar a sintonia do morador com as leis do Universo, favorecendo assim a boa saúde, a riqueza e o bem-estar espiritual. Existe uma ordem matemática que se aplica na casa trazendo harmonia entre a energia que vibra em cada um de nós e a que vibra na Terra.

Já na Idade Média, por meio da geometria sagrada, os números e as correspondentes formas geométricas foram usados para a construção de templos religiosos, altares e boa parte da arte sacra. As pirâmides do Egito, monumentos como o Stonehenge na Inglaterra e o Templo de Salomão em Jerusalém seguem o modelo, o número do padrão da perfeição, o número de ouro.

A proporção áurea continua, até os dias de hoje, a inspirar os arquitetos na elaboração de seus desenhos de edifícios e monumentos, e os artistas em suas pinturas, esculturas e composições musicais. As dimensões da folha A4, dos cartões de visitas, dos modelos dos automóveis ou da tela do computador não foram escolhidas ao acaso. Até o design do Twitter foi elaborado de acordo com o número de ouro ou proporção áurea, uma constante na natureza. E o nome Google é originário de um número que é o 1 seguido de cem zeros. Em sua origem, em 1937, o matemático Edward Kasner nomeou esse número gigante de "googol".

Tudo no mundo vibra com uma determinada energia.
Os números revelam os padrões dessa energia.
E cada um deles tem poderes específicos,
informando e determinando qualidades.

O nome e a data de nascimento formam a matriz da energia de uma pessoa. Nome é vida. Nome é identidade. A partir da consciência do poder dos números do nosso nome e da nossa data de nascimento, é possível descobrir como modificar nossa energia, promovendo assim uma vibração mais harmoniosa.

Desde o nascimento, somos classificados por números que recebemos no registro de identidade, no passaporte, carteira de trabalho, de motorista, seguro social, título de eleitor, número na escola, conta no banco, registro da empresa etc. Esses números também trazem algum significado para a nossa vida, embora não possamos escolhê-los, visto que eles nos são conferidos ao acaso, por alguém ou por um computador.

Por outro lado, há números que podemos escolher, como os que estão no nome de nascimento, a assinatura, o nome artístico, o nome de casado, a marca de um produto, o nome fantasia de uma empresa, a razão social, o nome pelo qual um profissional é conhecido no mercado, o nome de um filme ou personagem. Todos esses podem ser escolhidos.

Os números estão basicamente dispostos em uma determinada sequência que, por sua vez, determina uma ordem de 1 a 9 e o 11, que é um número-mestre. Cada elemento dessa ordem é único e estabelece uma forte relação com seu antecessor ou sucessor. A seguir apresentamos as características principais de cada número para a análise do nome de nascimento, assim como para a escolha da Marca Pessoal:

1. Pioneirismo, independência, determinação, iniciativa, começo, individualidade e liderança.
   - Pontos negativos: dominação, pressa, impaciência, impulsividade, falta de perseverança, prepotência.

2. Receptividade, cooperação, paciência, compreensão e diplomacia.
   - Pontos negativos: passividade, lentidão, excessivamente emocional, falta de autoconfiança e dependência.

3. Criatividade, otimismo, facilidade na comunicação e interatividade social.

- Pontos negativos: falta de foco, desorganização, exagero e imaturidade.

4. Planejamento e organização, produtividade, atenção a detalhes, estabilidade, segurança.
- Pontos negativos: rigidez, teimosia, intransigência e necessidade de ter o controle.

5. Criatividade, liberdade, mudança, ousadia, aventura, flexibilidade, variação.
- Pontos negativos: rebeldia, impaciência, impulsividade e inconstância, indecisão e descontrole.

6. Responsabilidade, dedicação, prestação de serviços, arte e harmonia, justiça, afetividade, amparo.
- Pontos negativos: passividade, sentimentalismo, submissão, dependência, necessidade de ter o controle.

7. Intuição, análise, privacidade, especialização, precisão, lógica e pesquisa.
- Pontos negativos: exigência, seletividade, insegurança.

8. Estratégia, comando, capacidade executiva, poder pessoal.
- Pontos negativos: dominação, autoritarismo, orgulho.

9. Idealismo, curiosidade, conhecimento, compreensão, tolerância, paz, empatia.
- Pontos negativos: dramaticidade, fuga da realidade, sentimentalismo.

11. Idealismo, mensageiro espiritual, liderança, poder e forte energia, criatividade.
- Pontos negativos: extrema sensibilidade, dificuldade em equilibrar razão e emoção, dependência.

Como já dissemos, tudo o que existe tem energia e tudo se conecta perfeitamente, como a engrenagem de um relógio. Para cada ação, portanto, existe uma reação. Toda ação inicia um processo. Tudo funciona de uma maneira harmoniosa, no Universo, em nossa galáxia, no sistema solar, em nosso planeta, em cada ser. Em uma família, por exemplo, todas as pessoas estão integradas e se relacionam. A atitude de uma delas interfere diretamente no contexto familiar. Isso gera respostas, que são as reações, e a partir daí é necessário uma nova acomodação, um novo ajuste, para que a harmonia continue.

E assim vivemos um constante processo de estímulo e mudança, adaptação e novamente equilíbrio e harmonia. É por meio dos números que podemos localizar em que ponto estamos nessa "engrenagem" tão perfeita e sincronizada. Podemos conhecer então que tipo de energia potencial existe em nós ou em tudo o que nos cerca e se relaciona conosco.

Na busca constante do equilíbrio em nossas vidas, podemos usar o conhecimento de nossos números para avaliar, interpretar e mudar os processos. Os desejos e necessidades pessoais determinam a maneira como buscamos o equilíbrio. Esse equilíbrio é o estágio em que tudo caminha bem, em que os resultados são compatíveis com os investimentos e em que o que obtemos é um "terreno" fecundo para novos caminhos. Isso se aplica ao nosso corpo físico, à nossa saúde mental e emocional, nossa dimensão espiritual, nossas relações sociais e com o mundo material.

Temos várias metas, em diferentes áreas, porém não somente a meta em si deve ser importante, como também o caminho que nos conduz a ela. E é exatamente nesse caminho que vamos nos descobrir. É exatamente nesse caminho que temos como aliados os números de nossa vida.

Na medida em que os números se manifestam em tudo e a energia dos nomes e das datas pode mudar o rumo de nossas vidas, vamos identificar e equilibrar os nomes dos negócios, das empresas, instituições e escritórios.

Tenha sempre em mente que cada letra de um nome corresponde a um determinado número que, por sua vez, possui uma energia. Ao somar esses números é possível obter um valor que indica a qualidade desse nome.

Vamos agora fazer uma viagem pelo mundo dos profissionais e empresários bem-sucedidos e, depois, analisar a marca e o nome de empresas que conquistaram o mercado. Você verá que todas essas energias estão em perfeita sintonia com o Universo, tornando pessoas e empresas referências no mundo dos negócios. Depois será a sua vez de verificar a melhor forma de canalizar energia positiva para a criação ou consolidação de uma carreira ou empreendimento de sucesso.

PARTE I

Criando Marcas Pessoais vencedoras

Sua Marca Pessoal e sua carreira corporativa

Você já viu que os números que estão em um nome trazem determinada energia. A sua Marca Pessoal (ou nome profissional) precisa ser bem-escolhida ou ajustada para trazer equilíbrio à sua vida. Sendo ou não empresário, estando ou não colocado no mercado de trabalho, é importante conhecer o Número do seu Destino, que é a soma de todos os números de seu nome, e daí escolher uma Marca Pessoal que amplie as possibilidades de seu destino.

Nós podemos, como os antigos faziam, trazer outros números para a nossa vida de modo a acrescentar uma vibração adicional, que pode estar nos faltando e que nos é necessária para expressar de maneira equilibrada os nossos talentos.

O nome com o qual você se apresenta no seu trabalho, um nome adotado após o casamento ou até um apelido podem provocar um fortalecimento ou um desvio de energia do nome de origem. Por isso, eles devem ser escolhidos e usados com muito cuidado.

Seguindo essa linha, vamos ensinar você a formar ou escolher a sua Marca Pessoal, que é o nome de apresentação, profissional ou artístico, que possa trazer uma abertura melhor na sua carreira. Essa Marca deverá ser usada no seu cartão de visitas, na sua assinatura de e-mail, ao preencher uma ficha e assinar uma carta. A assinatura de cheques e documentos também poderá ser escolhida com o propósito de harmonizar a sua energia de nascimento e trazer números de prosperidade para você.

O primeiro passo é conhecer muito bem a energia que está no seu Nome de Nascimento. É ela que determina o seu destino, as suas oportunidades, as experiências que vive, a sua escolha profissional, seus talentos e as dificuldades a enfrentar. Esta é a energia que vai determinar a sua trajetória na vida, mostrando seus potenciais, desafios e dificuldades.

O Número do Destino é aquele calculado a partir do nome que está escrito no seu Registro de Nascimento. Caso você tenha alterado seu nome de registro (por questões de adoção, mudança de país, mudança voluntária de nome ou sobrenome, mudança de um idioma para outro, desejo de acrescentar o nome de um dos pais, quando maior de idade), considere os dois nomes: o de origem e o do atual registro. Tanto um como o outro contêm informações sobre o seu destino. **Podemos dizer que a sua história de vida está escrita no seu nome.**

O cálculo do **Número do Destino** é muito simples. Trata-se de uma mera conta de adição. Basta você somar todas as letras que compõem o nome que está escrito no seu registro de nascimento, reduzindo o somatório a um único dígito. Explicando melhor: se, ao fim da soma, o resultado der um número de dois dígitos, separe-os e some-os até que você tenha um único dígito. Isso só não vale para o número 11, que é um número-mestre, e deve ser mantido, sem redução a um único dígito.

Veja abaixo novamente a **Tabela de Conversão de Letras em Números**, que apresenta a energia de cada letra. Ela será necessária para que você calcule os seus números.

TABELA DE CONVERSÃO DE LETRAS

1	2	3	4	5	6	7	8	9
A	B	C	D	E	F	G	H	I
J	K	L	M	N	O	P	Q	R
S	T	U	V	W	X	Y	Z	

Para que você pratique e entenda bem como se faz esse cálculo, apresentamos abaixo alguns exemplos de nomes de grande projeção mundial:

S	T	E	V	E	N		P	A	U	L		J	O	B	S
1	2	5	4	5	5		7	1	3	3		1	6	2	1

> 1+2+5+4+5+5+7+1+3+3+1+6+2+1=46>4+6=10>1+0=1

Somando todas as letras do nome de Steven Paul Jobs, teremos um total 46. Para encontrar o Número de Destino, devemos continuar a soma até se chegar a um dígito (a exceção é o 11!). Como a soma 4 + 6 dá 10, precisamos fazer mais uma soma: 1 + 0, total 1. Esse é o Número de Destino do fundador da Apple.

Para Albert Einstein, seguindo a mesma forma de somar, chegamos a um total 63 que, reduzindo-se a um dígito só, dá 6 + 3 = 9. O famoso cientista tem, portanto, um Número de Destino 9. Para Hillary Diane Rodham (nome de nascimento de Hillary Clinton), a soma de todas as letras, até se chegar um só dígito, revela um Número de Destino 6. E para Shakira Isabel Mebarak Ripoll (nome de nascimento da cantora Shakira), o somatório chega a um Número de Destino 5.

Conheça agora o significado de seu Número de Destino, os seus desafios e as profissões indicadas para você.

O Número 1

Energia para desenvolver iniciativas, inovar e liderar

Novos negócios! Novas empreitadas! Novos projetos! Tudo na vida de uma pessoa de Destino 1 é energia, é desafio. Uma frase com o número 1 não pode terminar em reticências. O ideal é que seja com um ponto de exclamação! Tudo o que desafia a pessoa que tem no 1 seu Número de Destino traz energia para a prática de atividades em que a mente esteja trabalhando. Você tem iniciativa e detesta a rotina. Você gosta de ser original e independente. Possui uma grande capacidade de seguir em frente e de superar qualquer obstáculo. Geralmente ocupa cargos de liderança e prefere estar sempre à frente, comandando e indicando o caminho. Você gosta de mandar, ser o chefe.

Ocupar um cargo de subordinação é uma tarefa muito difícil, e por isso sua tendência é escolher uma profissão liberal em que você seja o seu próprio patrão e trabalhe sozinho. Se estiver numa empresa, você tem que assumir um cargo de comando, senão vai logo se incomodar, pois não gosta de receber ordens. Em poucas palavras, você tem que comandar, ser o chefe de seção, o consultor, a primeira bailarina, o chefe da cadeira na faculdade, o dono do negócio, alguém que controle e dite as regras. Você tem que ser o líder.

Nesse Destino, desde pouca idade, o Universo coloca na sua vida situações em que você tem que se virar sozinho e aprender a ser independente. Quer começar a trabalhar cedo, sustentando-se e tendo que seguir e dirigir o seu próprio caminho. Durante sua trajetória, você precisa ir descobrindo quais são os seus recursos e talentos, ter autoconfiança, valorizar o produto dos seus próprios esforços. Nesse seu caminho, você terá que desenvolver força de vontade e determinação.

No seu caminho serão inúmeras as vezes em que você terá que "começar de novo". As circunstâncias que vão exigir esses recomeços serão as mais diversas possíveis: talvez porque você queira mudar de profissão; talvez porque você avance em seus conhecimentos e passe a ocupar um cargo com novas atribuições, talvez porque você mude de cidade, ou então porque siga tendências que o fazem ser original e tornem necessário estar sempre iniciando algo novo.

Você é atraído por atividades competitivas em que pode mostrar a sua capacidade, seu vigor e sua inteligência. Gosta de ser desafiado e não foge de nenhuma disputa. Muito pelo contrário, você até as procura. Você se destaca por ter um estilo próprio de conduzir a vida. É original e astuto.

Profissões mais comuns da pessoa de Destino 1

Atividades em que haja muita ação, muito movimento e em que se exerça ou tenha que se buscar a liderança, destacando-se dos demais. Empreendimentos em qualquer área, desde que haja desafios. Dono ou diretor de empresas, produtor, político, empreendedor, inventor, piloto de automóvel, desportista, apresentador de rádio ou televisão, gestor de novos negócios. Nos esportes, no mundo dos negócios, enfim, em qualquer profissão, uma pessoa com Destino 1 pode se dar muito bem, contanto que esteja numa posição livre em que possa criar, tomar iniciativas, orientar e dirigir. A profissão a seguir deve aproveitar sua capacidade de iniciativa, de buscar respostas diferentes para um problema e de inovar.

Você, que tem uma energia de Destino 1, aprenda a lidar com as suas características:

Você tem uma grande motivação para começar uma nova atividade, encarando-a como um desafio. Mas tome cuidado para não se tornar aquela pessoa que está sempre iniciando empreendimentos e atividades mas não se preocupa muito em chegar ao fim, perdendo o estímulo ao iniciá-las. Por isso, procure terminar o que você começou ou pelo menos analise com muito mais espírito crítico e menos ansiedade um projeto que aparentemente esteja se tornando repetitivo e monótono.

É necessário ter paciência e acreditar que alcançar objetivos depende de uma trajetória a ser cumprida passo a passo. Nem tudo acontece do jeito que se planeja, e no tempo que se deseja. Cada negócio ou projeto tem o seu tempo de maturação. É fundamental que você discuta os assuntos, cuidando dos detalhes e procurando escutar mais a opinião e a sugestão das outras pessoas envolvidas.

Embora seja importante que você pense por si mesmo e "ande com suas próprias pernas", não é necessário ter um comportamento egocêntrico, individualista ou dominador.

Muitas vezes é importante que você se ajuste às circunstâncias, ainda que elas não sejam exatamente as que você gostaria. Aprenda a cooperar e a trabalhar em equipe.

Saiba diminuir as suas defesas e resistências, procurando aceitar mudanças de rumo, sem querer impor o seu tempo, a sua direção e a sua maneira de pensar.

Controle o egoísmo, o orgulho e a intolerância, características comuns às pessoas independentes.

Procure realizar os seus próprios objetivos, tendo coragem de tomar iniciativas sem ser induzido ou influenciado, sem querer agradar ou obedecer às expectativas das outras pessoas. Acredite em si mesmo e nos seus recursos.

Aceite os seus erros com humildade, considerando cada equívoco um aprendizado. Tenha perseverança para continuar um projeto até que ele seja concluído.

No caminho do Número 1, o sucesso vem a partir do momento em que você encara a vida de frente, buscando o que é novo, e tem iniciativa.

O Número 2

2

Energia para cooperar, agregar e se relacionar

Na trajetória de vida de uma pessoa de Destino 2, como você, todas as oportunidades são para que encontre o equilíbrio através da cooperação e do relacionamento. Por isso, você gosta de trabalhar em grupo e participar de atividades em que possa interagir, colaborando, aprendendo e, se for necessário, unindo a equipe, pois o senso diplomático é a sua marca registrada. Você foge da competição, busca a conciliação. Ao mesmo tempo, é adaptável às outras pessoas, embora possua um grande talento para persuadi-las a aceitar suas ideias. O seu destino lhe oferecerá situações em que você terá que usar a sensibilidade, o tato, a gentileza e a capacidade de cooperação.

Você tem paciência e sabe dar tempo ao tempo, não forçando nenhuma situação. Tem facilidade em influenciar as pessoas, com o intuito de buscar a harmonia e não o comando. Você usa de tato e diplomacia. Uma das suas maiores virtudes é saber ouvir. Você dá apoio e encoraja as outras pessoas. Sensível e atencioso, é capaz de resolver disputas e desavenças. Seu destino é promover a harmonia.

Seu bom senso é inigualável e você sabe ouvir os dois lados antes de julgar. Consegue colocar-se no lugar do outro e imaginar como ele se sente. No seu caminho, surgirão oportunidades de dedicar-se a algum tipo de atividade em prol dos direitos das pessoas.

Profissões mais comuns da pessoa de Destino 2

Suas oportunidades profissionais podem aparecer em parcerias ou em serviços de assessoria. Você é um conselheiro que ajuda as pessoas a viver em harmonia. Pode atuar como mediador em questões delicadas que acarretam discussões e tensões dentro de empresas. Você faz o meio de campo, procurando soluções, acalmando as pessoas, buscando a harmonia e consequentemente o equilíbrio. Também pode se dar bem na diplomacia e na política, desde que atue com senso de cooperação. Poderá atuar no ramo do Direito ou no serviço religioso. Também poderá dedicar-se com êxito a atividades em que sirva de apoio a pessoas que estejam na liderança.

Você, que tem uma energia de Destino 2, aprenda a lidar com as suas características:

É fundamental não se deixar levar pela passividade, permitindo que os outros sempre tomem decisões por você. Não aceite tudo o que dizem ou fazem. Coopere, escute, aceite, mas também use seus próprios critérios e siga seus desejos.

Não permita que os problemas pessoais afetem todas as áreas da sua vida, debilitando-o a ponto de provocar insegurança. Na sua caminhada é importante que você esteja equilibrado em todas as áreas: saúde, amor, trabalho e espiritualidade. Se não há esse equilíbrio, você se sente infeliz e extremamente desmotivado, o que prejudica o seu desempenho.

Por isso, controle a sua sensibilidade e os melindres. Administre o seu medo e não demonstre fragilidade.

Confie em si mesmo e não se ofenda tanto com as críticas e comentários das outras pessoas.

Não fique sempre na defensiva, pois pode acabar tendo dificuldade em enxergar os problemas como realmente são, e com isso ficará mais longe de uma solução.

Deixe de sentir pena de si mesmo. Não faça concessões para agradar os outros e vá em busca do que é justo.

Seja mais ambicioso, ousado, e procure traçar um caminho que seja seu, evitando as interferências. Aceite os confrontos como uma maneira de crescer na sua capacidade de investir.

O Número 3

Energia para comunicar, motivar e interagir

3

Comunicação com entusiasmo e otimismo. É o que move o caminho do Número 3. Seu Destino é trazer alegria e motivação para a vida das pessoas. Você tem o talento da comunicação, e suas oportunidades na vida sempre estarão em áreas onde você possa expressar sua criatividade e suas emoções. Com isso, você será capaz de despertar nos outros a imaginação e mostrar o caminho para a solução de qualquer problema, apontando o lado positivo de todas as coisas. Seu Destino é o da interação social. Como tem facilidade na conversação, você pode atuar no comércio. Em uma empresa, será aquela pessoa que promove situações para que o grupo se encontre e se relacione.

Você se relaciona com muitas pessoas e está sempre fazendo novos contatos. Gosta de movimento e de viagens. Você tem muitos talentos e interesses, entre eles a manifestação artística. Poderá ter grande visibilidade na sua profissão e na vida social.

Seu Destino lhe abre diferentes posições de trabalho, e você é capaz de desempenhar várias atividades diferentes, muitas delas ao mesmo tempo.

Gosta de ser popular, adora quando é requisitado e se transforma no centro das atenções. Você gosta de conversar, de se sentir livre, de estar em contato com o calor e a luz do sol. Prefere atividades fora de quatro paredes.

Profissões mais comuns da pessoa de Destino 3

Área da comunicação, mídia eletrônica, vendas e promoções, assim como comércio, desenho, marketing, marketing digital, moda e música. Você pode se dar bem como publicitário, relações-públicas, promotor de eventos, web designer, jornalista, conferencista, artista, esteticista, cabeleireiro, agente de viagens. Em suma, toda e qualquer atividade profissional que envolva movimento, convívio social e novidade.

Você, que tem uma energia de Destino 3, aprenda a lidar com as suas características:

Você não gosta de nenhum tipo de pressão, nem de regras e limites impostos por outras pessoas. Como necessita sempre de aprovação, você tem dificuldade em enfrentar situações difíceis de cobrança e confronto.

A sua tendência é esquivar-se, deixar de lado, pular para outro assunto ou então transformar tudo numa brincadeira, agindo com imaturidade, infantilizando seu comportamento, ou ainda apelando para certos exageros, como dramatizar demais.

Cuidado para não fugir da realidade, envolvendo-se com dezenas de atividades ou interesses muitas vezes totalmente improdutivos. Canalize a sua energia. Evite a dispersão, aproveitando melhor as ideias que concebeu e colocou em prática com tanto entusiasmo. Só depois de concluí-las e consolidá-las é que você deve partir para novos desafios. Evite ser superficial, aprofundando-se mais nos assuntos em que estiver envolvido.

Não desista somente porque leva mais tempo do que gostaria para atingir um objetivo ou concluir um projeto. Não se deixe abater só porque um trabalho exige mais esforço do que você imaginava. Perseverança e concentração são pré-requisitos fundamentais para que se chegue com êxito ao fim de qualquer empreendimento ou atividade. A disciplina pode ajudá-lo a se manter ligado aos seus objetivos, não importando o tempo necessário para chegar até eles.

Dinheiro vem, dinheiro vai. Essa é uma constante para as pessoas de Destino 3. É necessário um pouco de prudência financeira. Com isso, você vai aprendendo a organizar seus ganhos e seus gastos, para não haver desperdícios nem extravagâncias.

Estar rodeado de pessoas não significa poder contar com elas. Muitos de seus relacionamentos são meramente superficiais. Vá aprendendo a discernir as amizades e os relacionamentos que realmente valem a pena.

Querer ser o centro das atenções pode gerar afastamento de seus colegas. Seja mais observador e preocupe-se em aprofundar seu conhecimento de um assunto, seus relacionamentos, sua responsabilidade.

O Número 4

Energia para organizar, ser eficiente e ter foco

4

Para você, número 4, trabalho é a força de movimento do seu Destino. Você deseja ser respeitado pelas outras pessoas por aquilo que faz e produz.

No seu Destino, as realizações são de ordem prática, com início, meio e fim. Você se sente satisfeito na medida em que vai participando do processo e percebendo que o que faz toma corpo e passa a existir de fato. Por isso, você sempre tem um caminho predeterminado e fica difícil aceitar quando algo inesperado interfere na sua trajetória.

Seu Destino está relacionado à ordem e à aceitação de regras. Por isso é que você prefere seguir padrões que lhe permitam conhecer previamente as consequências e os resultados.

Você visa a um futuro estável e seguro em todas as áreas da sua vida: no trabalho, na família, nas finanças, nas amizades, na saúde e mesmo no lazer. Tudo deve ser bem-cuidado e planejado. A perseverança, a força de vontade e a determinação são a sua marca registrada.

No seu coração bate um permanente *checklist*. Você está sempre preocupado com algum detalhe em suas atividades. Aonde quer que vá, acaba encontrando algo para fazer, arrumar ou organizar. Tudo tem que ser perfeito, impecável.

Seu Destino é o do trabalho, da busca da segurança e da estabilidade. Você gosta de lidar com aquilo que é prático e concreto. No seu Destino não há lugar para sonhos impraticáveis. Por isso, você se envolve com projetos úteis e reais. As oportunidades que o Universo lhe trará serão para que você exerça a sua capacidade de organizar e administrar, partindo de uma ideia e chegando a um resultado final. Você prefere trabalhos estáveis e duradouros onde possa construir e dedicar-se a um determinado projeto e objetivo, agindo com honestidade e seriedade. Em suas atividades profissionais você gosta de cuidar de detalhes, planejar passo a passo, desenvolvendo métodos de trabalho. Você inspira confiança, pois é muito cauteloso e fiel. Em seu caminho você precisa ser perseverante. O sucesso vem do esforço e dedicação contínuos.

Você tem grande senso de dever e responsabilidade. Dá valor às suas aquisições, geralmente fruto de seu próprio empenho, e dificilmente se desfaz do que comprou ou investiu, usufruindo o máximo possível do que conquistou. Econômico, não gosta de desperdícios. Este é um número de base sólida, e pessoas de número 4 são indispensáveis em todas as empresas ou organizações. Você é o alicerce, sabe planejar, organizar, controlar e construir. É determinado e disciplinado. Sabe pôr em prática as ideias inovadoras de outras pessoas.

Profissões mais comuns da pessoa de Destino 4

Seu Destino é colocar ordem e sistematizar. É estabelecer boas relações com atividades rotineiras que obedeçam a um determinado plano e sequência de ações. Você gosta de estruturar mantendo foco e objetividade. Por isso, você pode se dar muito bem gerenciando e administrando negócios, em especial na área financeira. Seu desempenho é ótimo em ocupações que necessitem de um enfoque prático, muito mais do que naquelas envolvidas com criatividade. Terá êxito trabalhando como construtor, engenheiro, professor, administrador, advogado, fotógrafo, contador, desenvolvedor de projetos, gerente de produção, consultor de planejamento financeiro, motorista, fotógrafo, mecânico ou militar.

Pode ainda preferir ter o seu próprio negócio, para poder tocar do seu jeito, segundo as suas convicções.

Você, que tem uma energia de Destino 4, aprenda a lidar com as suas características:

Saiba aceitar tanto os seus defeitos como os dos outros. Não seja tão exigente.

Não abra mão da diversão e do senso de humor, seja mais espirituoso. Na sua necessidade de produzir, de ter o seu tempo totalmente voltado para realizar o que considera útil, você deixa de lado o lazer e chega a unir férias a trabalho. E, se estiver descansando ou se divertindo, terá que procurar uma justificativa para isso.

Em paralelo à sua atividade profissional, por que não ser voluntário numa atividade comunitária em que você possa conviver com pessoas que não são do seu ambiente de trabalho?

Não seja detalhista e sistemático ao extremo. A obsessão por minúcias, muitas vezes insignificantes, o faz perder muito tempo, assim como o desvia do objetivo central.

Dê mais afeto e atenção aos que o cercam. Esteja aberto às opiniões dos outros. Você não pode ser aquela pessoa dona da razão. Muitas vezes você se prende a algo porque o considera mais "certo". Seja flexível e dê espaço a pessoas que pensam de maneira diferente de você. Elas podem contribuir com ideias inovadoras e soluções criativas.

Para você é melhor lidar com a certeza do que com a expectativa e incerteza do que virá. Isso faz com que aceite de maneira passiva as coisas como elas se colocam à sua frente. Não fique acomodado e não resista às mudanças que possam surgir no seu caminho.

É necessário abrir seu interesse a diferentes proposições e métodos. A intransigência, a intolerância, a dificuldade em mudar o seu jeito de ser, apegando-se a antigos estilos, prejudicam o seu progresso. Esteja mais aberto a novas experiências. Um pouco de ousadia abre a mente e aguça a criatividade. Solte-se, nem tudo é preto ou branco: existem muitas variações de tonalidade entre essas cores. Excesso de rigidez e radicalismo ofuscam uma visão mais ampla e real da vida e das oportunidades.

Saber ajustar-se às diferentes circunstâncias e condições adversas exige desprendimento e desafio aos limites. Aceitar mudanças e provocá-las irá libertá-lo para ações presentes e futuras.

Aprenda a dividir o controle com outras pessoas. A sua tendência é centralizar, desejando que todos sigam seus métodos e passos. Aprenda a trabalhar em equipe e a delegar.

5

O Número 5

Energia para criar, inovar e antecipar

Certamente você terá que trabalhar muito longe do departamento de contabilidade. A rotina e tudo o que é previsível lhe dão alergia. Você precisa de liberdade para ir e vir. Para pensar e criar. Você necessita de espaço e tempo para trabalhar. Se não lhe derem liberdade, você se sente limitado e frustrado.

Seu Destino traz várias oportunidades, o que faz com que sua vida seja cheia de experiências e de acontecimentos variados e repentinos com os quais você tem que lidar com muita versatilidade. O pensamento rápido faz com que você capte e elabore com facilidade tudo o que surge no seu caminho. Acostumar-se às novas situações, adaptar-se às novas exigências e às mudanças que ocorrem constantemente são algumas determinações do seu Destino.

Não há estabilidade nem situações previsíveis num Destino 5. Você, por natureza, não aguenta a rotina, pois precisa de espaço para fazer o que quer e para viver a sua liberdade, que dá chances para a sua criatividade. Você busca lugares, situações, trabalhos e pessoas que o estimulem. Não suporta amarras que o impeçam de progredir e de inovar. Por isso, nesse Destino, está sempre à procura de algo diferente para fazer, para experimentar e para ter como desafio. Tédio é uma palavra que não existe no seu dicionário. Muito menos repetição.

Mas é preciso estar muito disponível para vivenciar com responsabilidade esse Destino tão cheio de reviravoltas. É preciso aceitar essa condição de mudanças constantes e saber tirar proveito das inúmeras oportunidades que apareçam. Esse é um Destino que provoca progressos e descobertas. Você tem um raciocínio rápido, é curioso, ágil e está em constante atividade. Aprecia ser estimulado mental e fisicamente, e por isso é ousado em suas atividades e interesses. Gosta de aprender experimentando, e por isso recusa o uso de manuais e regras. A surpresa é o ingrediente certo para que você se envolva com satisfação, por isso evita ambientes e atividades estruturados e cheios de limites. Aquele salário garantido no fim do mês não é o seu interesse principal ao buscar uma atividade profissional. Você prefere correr riscos num investimento a curto prazo que pode lhe render uma polpuda "bolada" a trabalhar dentro do esperado e previsível.

Quando o assunto é de seu interesse, você é capaz de se dedicar apaixonadamente.

Gosta de se promover e se comunica de maneira a chamar atenção para si. Gosta também de estar atualizado e expressar seu ponto de vista sobre qualquer assunto.

Profissões mais comuns da pessoa de Destino 5

Você não é planejador, nem gerenciador. É solucionador de problemas e uma fonte inesgotável de ideias originais. Gosta de trabalhar em ambientes liberais, sem rotinas, horários ou convenções que determinem a maneira de se vestir ou se comportar.

É criativo, inspirando-se no que vê, sente e ouve. Tem os cinco sentidos bastante aguçados, e suas reações e ações são espontâneas e até imprevisíveis. Prefere trabalhar com pessoas ativas e que o estimulem. Você tem múltiplos interesses, todos ao mesmo tempo. Tem ideias progressistas que, bem-canalizadas e concretizadas, podem promover o futuro de sucesso. Sabe antecipar tendências e mudanças nos negócios. Prefere profissões que trazem muito movimento físico ou mental, em que imperem a informalidade e a criatividade, como publicidade, artes, dança, teatro, esportes, cinema, turismo, mobile marketing, piloto, chef de cozinha, novos negócios, e atividades que exijam ousadia e risco, como a Bolsa de Valores e esportes radicais.

Você, que tem uma energia de Destino 5, aprenda a lidar com as suas características:

A necessidade de viver um Destino livre pode fazer com que as suas relações sejam superficiais tanto no campo profissional como no plano afetivo. Todos os altos e baixos na sua trajetória 5 também podem favorecer certa desorganização na vida, assim como insegurança em relação ao futuro.

Você gosta de experimentar e viver o momento. Quando sente que já conhece uma situação ou uma pessoa, afasta-se para evitar o tédio e a falta de satisfação que ela lhe traz. Vai então em busca de uma outra atividade ou de outras pessoas que lhe tragam uma espécie de prazer instantâneo. Por isso, cuidado com a instabilidade e com a falta de objetivos, o que vai provocar mudanças frequentes de emprego ou do tipo de atividade profissional. Pular de galho em galho, apenas para obter satisfação momentânea, não leva à concretização de nada nesta vida. Procure construir um futuro consistente, alicerçado em bases mais sólidas.

Você também deve controlar a sua impaciência e a sua necessidade de receber respostas imediatas ao que deseja. Precisa saber esperar e entender que o reconhecimento, as compensações e resultados vêm depois de muito trabalho e perseverança.

A imprudência e a necessidade de viver intensamente podem colocá-lo em situações de perigo. É necessário saber quando o risco não compensa. Muitas vezes você é extravagante e carece de crítica e autocontrole.

Tem ideias originais e criativas para solucionar problemas e, como já foi dito, prefere ser estimulado a desempenhar várias atividades a ficar repetindo um padrão de trabalho. O previsível não tem vez no seu Destino. Aprenda a adquirir um mínimo de disciplina para que possa obter o máximo de cada uma das suas experiências.

Procure ter interesses a médio e longo prazos, fazendo planos e montando estratégias sequenciais. Às vezes é necessário limitar o número de atividades para poder se dedicar mais às que realmente valham a pena.

É necessário que você aceite e respeite limites, visto que está integrado a uma sociedade. É fundamental que você tenha atitudes firmes, levadas a sério, e que se relacione e se envolva com as pessoas e com o trabalho de maneira responsável.

O Número 6

Energia para formar equipes, contribuir e prestar serviços

6

Um ambiente de trabalho coeso, agradável, acolhedor, com muita harmonia. Certamente deve haver uma pessoa com Destino 6 nele. Uma pessoa como você, que gosta de cuidar. Seu Destino é prestar serviços às pessoas de maneira a tornar a vida mais harmoniosa. Você tem um grande senso de dever e responsabilidade. Você se interessa em desenvolver projetos que facilitem a vida das pessoas. Seu caminho o coloca diante de situações em que deve prestar assistência, ajuda e aconselhamento às outras pessoas.

Geralmente tem envolvimento com a comunidade em que vive, em associações de bairro, clubes e entidades assistenciais. Você se entrega de corpo e alma às causas e campanhas que possam trazer benefícios para a vida das pessoas.

Você gosta de saber que seu trabalho e sua participação estão sendo úteis. Ou seja, gosta de ser valorizado. Aprecia ser respeitado e reconhecido pela sua dedicação, mas sabe quando o elogio é sincero. A bajulação o aborrece. Você sabe solucionar as situações conflitantes, e seu senso de responsabilidade não o deixa fugir de suas obrigações. A justiça e a dignidade são princípios fundamentais na sua caminhada. Você está sempre procurando uma maneira de aproximar as pessoas, fazendo reuniões e contribuindo para o bem-estar da empresa ou comunidade onde atua. Se você vê alguém deslocado e sem ambiente, logo procura fazer com que essa pessoa se sinta útil e integrada, dando atenção, compreendendo e ensinando. Procura trabalhar em locais em que possa trazer harmonia, estabilidade e colaboração em projetos comuns.

Você se dá muito bem quando é envolvido em negociações, pois inspira confiança e tem o dom da diplomacia: sabe ouvir, conciliando e atuando de maneira gentil. Sabe estabelecer sinergia entre equipes e membros de um grupo.

As pessoas que trabalham com você são seguidoras fiéis e leais, que gostam de estar ao seu redor. Sentem-se como parte de uma grande família. Aliás, no seu Destino, a família, os amigos e os relacionamentos são as suas prioridades.

A sua natureza é artística, e por isso tudo o que é belo merece ser apreciado.

Profissões mais comuns da pessoa de Destino 6

A profissão que você escolhe exige muita responsabilidade e confiança. Você sempre irá trabalhar com outras pessoas. Preferirá as atividades coletivas em detrimento de ofícios mais individualistas. Você é prestador de serviços e está seguindo o seu Destino quando se envolve em projetos e negócios em que possa ser útil para alguém, tais como medicina, terapia, advocacia, psicologia, administração, gastronomia, política, profissional de RH, trabalho na área da saúde, enfermagem, educação, hotelaria, literatura, beleza, moda, estética, decoração, arquitetura e atuando como professor, relações-públicas, assistente social. Poderá ser um excelente assistente ou secretário. Também pode se sentir realizado ao desenvolver trabalhos no campo artístico, tais como pintura, dança, música.

Você, que tem uma energia de Destino 6, aprenda a lidar com as suas características:

Não exagere na necessidade de cuidar dos problemas dos outros. Não assuma obrigações que não pertençam a você. Dar palpites no trabalho dos outros tem motivo, lugar e hora. Cuidado para não se tornar uma pessoa sufocante e inconveniente.

Procure não dramatizar situações que estejam fugindo do seu controle. Você não é o "salvador do mundo": não se sinta responsável por todas as ações e acontecimentos, nem queira resolver o problema de todos aqueles que o cercam.

Já que neste Destino o relacionamento é um dos pontos centrais, sua estabilidade emocional é de grande valia. Você busca a harmonia no ambiente de trabalho e em sua vida doméstica. Precisa ter maturidade e equilíbrio para poder prestar serviços sem se envolver em demasia com os problemas e sem ser dominado pelas outras pessoas. Não queira agradar as pessoas para conseguir sua atenção ou aprovação. Cuide também para que a possessividade e o ciúme não travem os seus caminhos.

O Número 7

Energia para observar, analisar e avaliar

7

Você tem grande capacidade de investigação, pois sabe perceber e analisar detalhes que muitas vezes não são observados por outras pessoas. Você conta com uma grande intuição, e seu Destino sempre o colocará à frente de situações em que terá que se envolver de maneira profunda, pesquisando e estudando até que você tenha certeza e então possa dar a sua opinião.

No seu caminho, você é cauteloso porque está sempre avaliando e pensando. Não toma decisões de maneira rápida porque prefere analisar todas as possibilidades para ter a certeza de que a decisão tomada é a correta. É bastante crítico, o que lhe permite avaliar com precisão novas ideias e projetos. No seu caminho, você vive experiências que permitem o autoconhecimento. Tenha certeza de que a sua caminhada é especial, pois você seguirá sempre pela estrada do conhecimento. Aos poucos, você vai percebendo as diferenças entre o que é superficial e o que é realmente importante e significativo para a vida. Com frequência, mesmo que esteja junto a outras pessoas, você se sente sozinho, ainda que isso não signifique solidão e melancolia. Você se deixa envolver completamente por seus pensamentos.

Você é essencial para o sucesso de qualquer organização. Muito dedicado e fiel à empresa, todos podem confiar em você. Comedido e recatado, só se manifesta quando tem absoluto domínio da questão.

As atividades comuns do dia a dia incomodam e confundem a pessoa com Destino 7, sempre às voltas com grandes interrogações e descobertas. Todas as experiências que você experimenta no seu Destino contribuirão para que você seja respeitado e reconhecido pelo que sabe e ensina.

Pouco a pouco, a pessoa de Destino 7 vai se aperfeiçoando no campo que escolheu, até se realizar plenamente. Você não gosta de muito "agito" e detesta o tumulto. Geralmente prefere atividades que possa desenvolver no seu próprio ritmo, sozinho, concentrando-se e divagando quando lhe aprouver. Você foge do corre-corre da vida moderna, pois as respostas que procura vêm do silêncio. Fica aborrecido com o barulho ou com gente que fala alto. Sente-se atraído por tudo o que é secreto, antigo e misterioso. Aprecia o estímulo mental e tem curiosidade intelectual. Seleciona criteriosamente as pessoas que farão parte do seu círculo de amizades ou da sua equipe de trabalho. É amável com todos, mas dificilmente compartilha suas intimidades e segredos com qualquer um. Leva tempo para confiar piamente em alguém, mas, quando o faz, é de forma duradoura.

O mais importante para você, ao escolher uma profissão, não é o resultado financeiro, e sim a oportunidade de aprender e pôr em prática os seus conhecimentos.

Profissões mais comuns da pessoa de Destino 7

Prefere atividades em que use a mente, muito mais do que aquelas que exijam esforço físico. A pessoa com Destino 7 geralmente exerce uma atividade em que possa se especializar: tem que ser um ofício muito especial, diferente, e que a faça sentir-se única. Em tudo que faz, você prima pela qualidade: o importante é que seja bem-feito. A competição não é o seu forte, pois você não se sente à vontade ao ser julgado ou pressionado. Sente-se melhor quando desenvolve um trabalho sozinho, pois tem o seu tempo, a sua maneira única de pensar e a sua rotina particular.

Pode ser um pesquisador na área da ciência, médico, psicólogo. Pode se dedicar a atividades de logística e a tudo em que é necessária grande concentração. Sua precisão é indicada para atividades de análises de sistemas e tecnologia. Poderá ser especialista em qualquer assunto, desde vinhos até internet.

Você procura atividades em que use técnicas e informações especiais. Pode ter interesse em assuntos filosóficos, científicos, religiosos, metafísicos ou psíquicos. Pode ser um pesquisador, um analista, um especialista na área da saúde ou da cura energética, terapeuta, cientista e até um detetive, pois capacidade de investigação é o que não lhe falta.

Você, que tem uma energia de Destino 7, aprenda a lidar com as suas características:

Atitudes demasiadamente reservadas podem transformá-lo numa pessoa antissocial. Procure a companhia de pessoas que lhe propiciem vínculos afetivos saudáveis e construtivos. É importante aprender a expressar as emoções que você tanto controla para que elas não interfiram nas suas análises mentais.

A insegurança e os constantes questionamentos podem fazer com que você tenha dificuldade nas suas escolhas profissionais.

Diminua o nível de exigência que você tem de si mesmo e também em relação às outras pessoas. Criticar excessivamente ou se apegar a detalhes o distancia do mundo exterior e dificulta a sua integração num grupo de trabalho ou social.

Você pode dar a impressão de estar em outro mundo, alheio, mergulhado em seus próprios pensamentos e imagens mentais. Não raro isso pode dificultar a comunicação.

Você possui uma enorme capacidade de analisar detalhes de uma situação e chegar a conclusões. Use a mente e siga a sua intuição. Use todo esse potencial para se conectar à realidade em vez de viver num mundo ilusório, criado por suas próprias fantasias.

Muitas vezes você está numa sintonia diferente das outras pessoas, por isso elas não o compreendem. Procure entrar num canal de expressão satisfatório para conseguir se fazer entender. Aprenda a se comunicar com entusiasmo e confiança.

Você pode passar um longo período concentrado em alguma atividade, buscando respostas, e, com isso, perder tempo. Procure ampliar os seus horizontes e fontes de conhecimento fazendo viagens para lugares diferentes. A leitura também contribui para inspirá-lo em suas reflexões. Conversas com pensadores, professores e pesquisadores abrem a sua mente para novas oportunidades.

8

O Número 8

Energia para a estratégia e visão global

Você pode se transformar num autêntico rolo compressor, carregando todos ao redor para a conquista de grandes projetos. Definitivamente, você é uma pessoa que pensa grande. O seu Destino é o desejo de prosperidade e o progresso econômico. Suas oportunidades e interesses estão na área dos negócios, onde pode gerir, administrar e controlar. No seu caminho, você enfrenta muitas situações de competição em que tem que usar a sua capacidade de estrategista, encarando as questões e não se intimidando com qualquer coisa. Tem que saber decidir rapidamente e então julgar. Na sua trajetória, seus interesses maiores são as áreas em que possa conquistar uma posição de autoridade ou que o coloquem em contato com projetos grandiosos.

Você não teme perigos nem obstáculos, pois sempre irá enfrentá-los com determinação, firmeza, autoconfiança e astúcia. Tem uma grande vitalidade e é capaz de realizar muito esforço físico sem demonstrar sinais de cansaço. Sua personalidade é forte e dominante. Toma decisões importantes e executa-as sem medo de correr riscos.

Você é empreendedor e sempre gosta de grandes desafios em que não só possa mostrar a sua coragem, como exercer o seu domínio. Seus projetos são ambiciosos, pois você busca prestígio e reconhecimento. Valoriza o poder financeiro e para alcançá-lo tem objetivos claros e traça planos bem precisos. Não gosta de se ater ou se preocupar com pequenos detalhes que representem desperdício de tempo e pouco signifiquem num contexto mais amplo.

Você sabe manipular os recursos que o Destino coloca a seu dispor para conseguir os melhores resultados. Sabe onde investir seus esforços e normalmente, durante a sua trajetória, se relaciona com pessoas ambiciosas.

Suas oportunidades ocorrem sempre em áreas em que você tem que encontrar soluções. Você valoriza o estilo, a prosperidade e a posição hierárquica ou social. Gosta de conviver com pessoas bem-sucedidas, desde que elas sejam importantes para o seu aprendizado e a sua ascensão.

Profissões mais comuns da pessoa de Destino 8

Habilidades executivas, talento para organizar e gerenciar. Com essas características, você pode ser empresário, diretor, administrador e gerente de projetos de grande envergadura. Você se sente perfeitamente bem no controle de grandes empreendimentos, empresas e corporações. A pessoa de Destino 8 pode brilhar também em atividades onde possa exercer o poder e o controle, como na política ou em corporações militares. Você será atraído por negócios que exijam coragem, capacidade de observação, autoconfiança, autocontrole e dinamismo. Graças à sua grande vitalidade, força física e resistência, pode ser um desportista que, em cada competição, procura bater recordes e superar limites, provando principalmente o quanto é capaz.

Você, que tem uma energia de Destino 8, aprenda a lidar com as suas características:

Pode faltar paciência para lidar com pessoas menos eficientes ou que não pensem da mesma maneira que você. Cuidado para que a impaciência e a intolerância não contribuam para o surgimento de obstáculos, difíceis de superar, em seu caminho. Suas recompensas dependem unicamente dos seus esforços.

Sua ambição pode ser tão exacerbada que o leva a passar por cima de tudo e de todos para chegar aos seus objetivos.

O desejo de manipulação e controle pode fazê-lo assumir atitudes autoritárias e possessivas. Sua rigidez pode ser prejudicial, dificultando a adaptação a situações imprevisíveis, assim como criando problemas no convívio com seus colegas de trabalho ou profissão. A excessiva crítica e as altas expectativas contribuem para que você encontre falhas em tudo e em todos. Cuidado com a demonstração de excessiva autoconfiança e autocontrole, pois isso pode afastá-lo das pessoas.

Você tem atributos de sobra para lograr êxito nos seus projetos: iniciativa, coragem de correr riscos, capacidade de empreender, independência e habilidade em solucionar problemas. Tudo isso pode contribuir para que concretize os seus planos, desde que não seja totalmente envolvido pela ambição sem limites. A determinação é um fator fundamental. Lembre-se de que a obsessão pela recompensa financeira é prejudicial. Preocupe-se antes de mais nada com a atitude em tudo o que faz. Esse é um ponto de crucial importância: manter as expectativas somente em ganhos financeiros pode conduzir a uma permanente insatisfação e a sucessivos fracassos.

O dinheiro vem quando você consegue dar importância à vida num sentido mais amplo e à espiritualidade. O sucesso também é fruto da maneira como você direciona a sua ambição para outros caminhos, que não o do proveito próprio e o da ganância.

O Número 9

Energia para influenciar, colaborar e servir a causas voltadas ao bem comum

Nesta trajetória, você tem algo a ensinar, a mostrar e a compartilhar. Por isso, você prefere estar rodeado de pessoas, embora possa ser influenciado por elas e pelo ambiente em que vive. Para você, o trabalho significa muito mais do que ter uma atividade ou receber um salário no fim do mês. O trabalho é a maneira de você desempenhar seu propósito de vida.

O seu Destino lhe oferece inúmeras oportunidades para experimentar muitas mudanças. Um dia nunca é igual ao outro. Sua vida não é linear, podendo surgir novas atividades a cada momento. Desde cedo você busca a realização, aprecia os desafios e as emoções fortes.

No seu caminho, os interesses são sempre variados, proporcionando contatos com todo tipo de pessoas, de diferentes culturas, raças, credos e profissões. Você aprende com elas através das suas vivências e histórias. A pessoa de Destino 9 estará propensa a viajar, estudar outros idiomas e aprender novos estilos de vida. Deverá ser tolerante, compreendendo as diferenças e abrindo-se para elas. O número 9 amadurece em seu caminho a partir das experiências que tem e com as quais se envolve.

Você se entrega à vida de maneira muito intensa e vigorosa, sem grandes planejamentos. O seu desejo é viver. De fato, sempre dotado de muita determinação e coragem, você busca maneiras de sentir que sua existência está valendo a pena.

No seu caminho, o idealismo serve de guia e motivação. Seu Destino é o mundo, e você quer aprender. Os assuntos políticos, sociológicos e filosóficos chamam a sua atenção, e com o seu carisma você influencia os outros. Você é formador de opinião.

Não há barreiras geográficas ou ideológicas que o impeçam de levantar a sua bandeira. Você luta por aquilo que considera importante. Seu comportamento e sua maneira de ser e levar a vida não obedecem a padrões nem a estereótipos sociais. Você pode se dedicar a organizações humanitárias e participar de movimentos para a melhoria da qualidade de vida.

Sob esse Destino, o tempo contribui para que você se acomode às suas exigências. Você aprende e amadurece, amadurece e aprende. Você vai conseguindo se desligar da necessidade de satisfações individuais e egocêntricas para acreditar que a satisfação de valorizar temas da humanidade é muito mais valiosa e recompensadora.

Profissões mais comuns da pessoa de Destino 9

Seus interesses são muito amplos e seus talentos, bem variados. Você pode ser bastante criativo, o que explica os seus dons naturais para as artes, principalmente na vanguarda de movimentos na música, no teatro e na comunicação. Você pode ter uma trajetória mais voltada às ações solidárias, de enriquecimento do valor da pessoa, e seguir uma carreira na medicina, no ensino e no aconselhamento. Popular e carismático, tem uma mensagem espiritual, moral, ética ou religiosa para motivar as pessoas. Por isso, deseja mostrar-se para elas. Pode ser um bom político ou líder espiritual. Pode ser jornalista, escritor, conferencista, ambientalista cuidando de projetos de sustentabilidade. Profissões na área da saúde também são de seu interesse, como a fisioterapia, nutrição, enfermagem. O interesse por assuntos universais pode motivá-lo para o turismo. Como empresário, pode dedicar-se a negócios em que haja uma especial filosofia de trabalho, como spas, estabelecimentos de ensino, ou então a negócios que estabeleçam relações com outros países.

Você, que tem uma energia de Destino 9, aprenda a lidar com as suas características:

Você quer se envolver com atividades mais universais. Quer reformar e vai aonde é necessário. Seu idealismo e sua vontade de fazer o melhor, porém, podem desconectá-lo da realidade. Cuide para que suas ideias no trabalho sejam viáveis e de ordem prática.

É necessário equilibrar as emoções com a razão. Saiba dominar a sua tendência a fazer drama. Você é uma pessoa bastante sensível, que absorve tudo de maneira muito profunda. Assim, não permita que apenas os seus sentimentos determinem as suas atitudes.

Saiba canalizar de maneira produtiva seus impulsos. Você é incansável e não para na sua ânsia de conhecer, experimentar e aprender. Mas é importante se lembrar de que é necessário pensar objetivamente antes de agir.

Encha a sua vida de conhecimento, desenvolva mais a tolerância e a solidariedade. Assim, você terá toda a inspiração necessária para que o seu trabalho seja reconhecido. A sua trajetória é a liderança, de maneira a conseguir motivar as outras pessoas. Você tem sua verdade e luta por ela. Mas precisa ter os pés no chão para saber se não é mera utopia, um sonho irrealizável.

Aproveite cada momento para aprender. Ouça as pessoas mais velhas e com mais experiência. Saiba se desapegar de objetivos e relacionamentos que já ficaram para trás.

11

O Número 11

Energia para liderar, criar e inspirar

Este é um caminho de número-mestre. Durante sua trajetória, suas expectativas, ideais, intuição e pensamentos vão abrir espaço para que você vivencie uma grande e diferente dimensão de desenvolvimento. Seu Destino lhe abre oportunidades para grandes aquisições em várias áreas. Seus caminhos vão se revelando de maneira gradativa, pois dependem do seu amadurecimento espiritual. É um Destino de liderança, mas é aos poucos que você se sente confortável em sua relação com o mundo. Seus projetos devem influenciar positivamente a sociedade, e você poderá servir de inspiração para as outras pessoas.

Você tem grande motivação pessoal, e seu lugar é onde possa ser visto e comentado. Através da sua liderança, muitos podem seguir seu exemplo de vida. Por isso, você deve usar o seu potencial com grande sabedoria. Seu Destino possibilita que suas ideias originais contribuam para o progresso.

Você tem grande percepção espiritual e está sempre buscando verdades sobre si mesmo ou sobre a vida, principalmente aquelas capazes de beneficiar muitas pessoas. Você tem poder para modificar tudo que está ao seu redor, criando condições novas e iluminando novos caminhos. É seletivo na escolha das pessoas com quem convive. É idealista, lutando intensamente pelos princípios em que acredita.

Profissões mais comuns da pessoa de Destino 11

Você pode ter êxito em atividades profissionais que lhe possibilitem desenvolver o seu potencial de inspirar as outras pessoas. Da mesma forma, você se sentirá realizado em projetos que o coloquem na posição de líder. Escritor, médico, juiz, gerente, gestor, líder político, diplomata, assessor, enfim, você poderá atuar em todas as áreas. O importante é que sempre esteja em contato com outras pessoas. Seu caminho é sempre compartilhado. Poderá ter também boas condições de brilhar como artista: escultor, pintor, apresentador de televisão ou rádio, cantor ou ator. Na linha de fazer o bem para muita gente, você também possui vocação para ser orientador espiritual e um excelente e dedicado professor. Poderá atuar em qualquer carreira profissional. O que o Destino lhe oferece é um grande potencial de realização.

Você, que tem uma energia de Destino 11, aprenda a lidar com as suas características:

Encontre o canal pelo qual você poderá dar vazão à sua grande intuição, a seus ideais, à sua forte inspiração, e então você será uma pessoa realizada.

No entanto, esteja sempre alerta para que seus sonhos não fiquem totalmente fora da realidade. Mantenha os pés firmes no chão para que a sua luz possa realmente chegar a algum lugar.

Este é um Destino que exige muito empenho e esforço pessoal. Tenha certeza de que o trabalho realizado não deverá servir somente a você, mas a outras pessoas também. A ambição desmesurada, o egocentrismo e o individualismo podem levá-lo a perdas e dificuldades.

A maneira de conduzir as oportunidades que o Destino coloca à sua frente é muito importante para que você consiga viver à altura do número-mestre 11. Não tenha receio de tentar. O seu número lhe traz imensas possibilidades em várias áreas profissionais.

Controle a sua ansiedade para ser capaz de organizar os seus desejos e saber como irá realizá-los. Aprenda a ter paciência e a reservar momentos para reflexão. Você sabe que é capaz de fazer muito, porém é necessário ter calma e paciência.

A sua Marca Pessoal
Uma nova luz no seu caminho

A Marca Pessoal é a via ou canal por onde a energia do nome de nascimento se manifesta. Por isso, é muito importante que essa Marca esteja em harmonia com o nome de nascimento.

A Marca Pessoal, também chamada Nome Profissional ou Nome Artístico, é aquela que você usa no seu cartão de visitas ou com a qual assina toda a sua produção: em e-mails, cartas, documentos, assim como nos créditos de um trabalho de qualquer natureza (peça artística, laudo, parecer, livro, quadros, projetos publicitários, de decoração, arquitetura, engenharia etc.). É a Marca onde você coloca a sua identidade e a energia que vai impulsionar sua carreira profissional.

Não se esqueça de uma regra básica: quando você escolhe e passa a fazer uso da sua Marca Pessoal, o seu Destino não será alterado. O nome de nascimento seguirá vibrando por *toda a sua vida* e determinará sua trajetória, seus talentos, o tipo de experiências, as dificuldades que surgirão e as suas escolhas. **No entanto, usar uma Marca Pessoal adequada poderá trazer uma qualidade que falta, uma energia ausente. Por isso, essa escolha deve ser feita com critério, pois, da mesma forma que uma Marca Pessoal pode**

facilitar o seu desenvolvimento, ela também pode dificultar o potencial dos talentos naturais trazidos no seu nome de nascimento.

A vibração de **sua Marca Pessoal** poderá contribuir com alguma característica importante que lhe falta para a sua vida profissional. Estando em harmonia com o Número do Destino, ela irá facilitar a sua trajetória, abrindo portas, potencializando qualidades, trazendo energia que lhe falta e possibilitando que você tenha melhores condições para a sua realização.

Muitas pessoas escolhem, de maneira inconsciente e totalmente intuitiva, Marcas Pessoais que funcionam em perfeito equilíbrio com o nome de nascimento. Com isso, acabam canalizando todas as energias para atingir exatamente os seus objetivos.

Mas você pode escolher *consciente* e *deliberadamente* uma Marca Pessoal que esteja em total harmonia com o seu nome de nascimento, e assim ter um novo meio de direcionar os seus talentos naturais e manifestar a energia de seu Destino. Se, por exemplo, o seu Destino é 1, você tem ideias originais, aprecia o desafio e é uma pessoa de ação. Se escolher uma **Marca Pessoal** com uma energia 8, será capaz de canalizar todo o seu impulso para o mundo dos negócios ou para atividades em que tenha que assumir uma postura firme e de autoridade. Se você tem um Destino 5, suas características são curiosidade e criatividade. Ao escolher um nome profissional de energia 7, poderá canalizar essa intensa e difusa energia de maneira a se especializar em uma determinada área.

Então vamos conhecer de que maneira cada número de nome de apresentação influencia o Destino.

Marca Pessoal 1

1

Uma Marca Pessoal que tenha a energia 1 pode ajudar você nos seguintes aspectos:

– Fortalecer a independência;
– Facilitar um caminho de ação;
– Abrir-se para a iniciativa;
– Contribuir com a energia necessária para começar novas empreitadas;
– Fortalecer a originalidade e a inventividade.

Uma mulher com a força do Número 1

Hillary Diane Rodham é o nome de nascimento de Hillary Clinton, que traz para ela o Número do Destino 6 (soma de todas as letras do nome). Advogada, trabalhou no conselho de várias empresas, entre elas o Walmart. Foi eleita por duas vezes uma das cem advogadas mais influentes dos EUA. E, fazendo jus ao seu Destino 6, conseguiu reformar o sistema de educação de seu estado, o Arkansas.

Casada com o ex-presidente americano Bill Clinton, passou a adotar o nome do marido. Seu novo nome (e Marca Pessoal), Hillary Clinton, traz a ela a energia 1. Assim a ex-primeira-dama abriu um novo caminho de ação, destacando-se por concorrer a um cargo público. Ela conseguiu se eleger senadora pelo estado de Nova York. Também foi a primeira mulher senadora a representar esse estado norte-americano, e esteve muito perto de se candidatar à Presidência. Disputou com Barack Obama a indicação do Partido Democrata para a eleição de presidente dos EUA.

Marca Pessoal 2

2

Uma Marca Pessoal que tenha a energia 2 pode ajudar você nos seguintes aspectos:

- Facilitar a atitude de receptividade;
- Facilitar a atitude de cooperação para realizar trabalhos conjuntos;
- Aumentar a sensibilidade em relação aos sentimentos dos outros;
- Facilitar a atitude de diplomacia.

Um craque com a força do Número 2

Seu nome de batismo, Edson Arantes do Nascimento, lhe traz um Destino 6, em que sua trajetória marca nos anos 1960 o entrosamento de um indivíduo negro numa sociedade na qual a segregação racial era estabelecida por lei. Ele se tornou um astro reconhecido mundialmente e rompeu essas diferenças.

Sua Marca Pessoal, Pelé, um apelido usado desde criança, tem energia 2, estabelecendo um canal de comunicação com seu Destino de responsabilidade social. Seu apelido Pelé facilita a atitude de receptividade e diplomacia, a ponto de ter sido eleito Embaixador Internacional do Esporte, Embaixador do Meio Ambiente e Desenvolvimento (pela ONU) e Embaixador pela Unesco, além de ter recebido o Prêmio Internacional da Paz.

Marca Pessoal 3

3

Uma Marca Pessoal que tenha a energia 3 pode ajudar você nos seguintes aspectos:

- Aumentar a capacidade de expressão;
- Favorecer o relacionamento social;
- Promover a criatividade;
- Favorecer o entusiasmo;
- Conduzir ao otimismo.

Dois grandes nomes com a energia do Número 3

Poucas pessoas sabem que o verdadeiro nome de Silvio Santos, o célebre apresentador brasileiro, é Senor Abravanel. O número que resulta de todas as letras desse nome é 3. Seu Destino, portanto, é o de comunicar. Ele trabalhou como camelô, locutor de anúncios, animador de shows de circo, criou uma revista de passatempos e foi locutor de rádio, até que chegou à televisão.

Para apresentar-se profissionalmente, preferiu usar um nome mais comum e de fácil pronúncia, Silvio Santos. Sua Marca Pessoal também tem o número 3! Além de seu Destino ser na área da comunicação, seu nome de apresentação também colabora com essa energia, trazendo ainda mais criatividade expressiva para estimular os outros. Hoje Silvio Santos é um grande empresário, dono de emissora de TV e considerado um dos homens mais ricos do Brasil.

O líder africano Nelson Mandela nasceu com o nome de Rolihlahla Madiba Mandela, nome de Destino 5. Estudante de direito, integrou os movimentos estudantis contra as políticas universitárias. Contrariando o que estava instituído, abriu o primeiro escritório de advocacia para negros e se envolveu na oposição ao regime do *apartheid*, que negava aos negros mestiços e indígenas direitos políticos, sociais e econômicos. Depois de passar trinta anos na prisão, foi eleito o primeiro presidente negro da África do Sul. Nelson Mandela também foi o responsável pela refundação de seu país, dando liberdade e direitos iguais à população de várias etnias, e pela promulgação de uma nova Constituição e uma nova bandeira. Seu nome adquirido (e Marca Pessoal), Nelson Mandela, de número 3, colaborou para sua popularidade, a facilidade em se comunicar e expor suas ideias diante dos mais variados grupos. Sua vida inspirou muitos filmes, documentários e livros.

Marca Pessoal 4

Uma Marca Pessoal que tenha a energia 4 pode ajudar você nos seguintes aspectos:

4

– Promover a capacidade de planejamento;
– Promover a busca da estabilidade;
– Adotar a atitude prática;
– Favorecer a capacidade de organização.

Uma mulher com a força profissional do Número 4

Sheryl Kara Sandberg é chefe operacional do Facebook desde 2008. Seu nome de nascimento, de Número do Destino 8, traz a ela um caminho no mundo empresarial e no comando. Já foi vice-presidente de operações do Google. Ela também foi chefe de pessoal no Departamento do Tesouro Americano.

Conhecida como Sheryl Sandberg, Marca Pessoal 4, é a pessoa que administra, organiza e planeja as operações do Facebook. Foi eleita em 2012 pela revista *Forbes* a 10ª mulher mais poderosa do mundo. Luta por direitos iguais entre homens e mulheres.

Marca Pessoal 5

Uma Marca Pessoal que tenha a energia 5 pode ajudar você nos seguintes aspectos:

5

– Aumentar a capacidade de mudar;
– Promover a abertura para correr riscos;
– Intensificar a possibilidade de progredir através de nova liberdade;
– Proporcionar um grande movimento ativo;
– Estimular a criatividade em várias direções.

A força do Número 5 para uma carreira de sucesso

Mikhaylovich Sergey Brin tem no somatório de todas as letras do seu nome (Número do Destino) o número 6. Cofundador do Google, sempre teve um grande interesse pela Matemática e, junto com sua esposa, Anne Wojcicki, analista em biotecnologia, desenvolveu métodos para facilitar às pessoas o acesso a informações na área da saúde. Eles também são pesquisadores sobre o genoma humano. Ao lado de seu colega Larry Page, Brin atuou como presidente de tecnologia e atualmente desenvolve projetos especiais no Google. O número 6 no Destino direciona a vida de Sergey Brin para o interesse e pesquisas em projetos que facilitem a vida das pessoas, tornando-a mais harmoniosa.

No lugar de Mikhaylovich Sergey Brin, ele escolheu usar Sergey Brin na sua vida profissional. Essa Marca Pessoal traz para o seu Destino a energia do número 5. Em seu Destino de servir as pessoas, seu nome profissional colabora com a energia de criatividade, de poder de mudanças, de vislumbrar possibilidades futuras, de progredir através da ousadia e do risco. Certamente a Marca Pessoal escolhida trouxe para o criador do Google a facilidade de criar inovadores e arrojados projetos.

Marca Pessoal 6

Uma Marca Pessoal que tenha a energia 6 pode ajudar você nos seguintes aspectos:

– Favorecer os relacionamentos;
– Promover a harmonia;
– Favorecer a atitude de servir;
– Favorecer o equilíbrio;
– Abrir um canal para inspirar o amor.

Um jovem genial com a força do Número 6

Mark Elliot Zuckerberg é um dos fundadores do Facebook, o serviço de rede social on-line que reúne milhões de pessoas ao redor do mundo, que interagem com mensagens, fotos, perfis pessoais e formação de grupos. É a maior rede social que existe. O número que corresponde a seu nome completo (Número do Destino) é o 7, aquele que investiga, analisa detalhes e aprecia a tecnologia.

Mas em sua Marca Pessoal, Mark Zuckerberg, ele atraiu uma energia 6, proporcionando a valorização dos encontros, da reunião para trocas de experiências e a interatividade social. Dessa maneira, o fundador do Facebook usou a tecnologia para facilitar o relacionamento.

Marca Pessoal 7

Uma Marca Pessoal que tenha a energia 7 pode ajudar você nos seguintes aspectos:

– Possibilitar o aperfeiçoamento na técnica;
– Favorecer o aprimoramento pessoal;
– Inspirar a especialização em alguma atividade ou função;
– Aumentar a intuição.

Um homem em busca da perfeição

Steven Allan Spielberg tem o 11 como Número do Destino, o que lhe traz uma energia de liderança e criatividade que o torna capaz de levar, através da sua arte, inspiração e luz para outras pessoas. Autodidata e aficionado por cinema desde criança, aproveitou as grandes oportunidades que o destino colocou a seu dispor.

Sua Marca Pessoal 7 trouxe-lhe um canal para expressar toda a sua sensibilidade. Este número lhe abriu as possibilidades para direcionar seu talento para determinado tipo de filme, como o suspense e a ficção científica. Spielberg dirigiu sua atenção a temas bastante específicos e fantásticos e é um mestre dos efeitos visuais. Detalhista e exigente, diferenciou-se de tudo o que já foi visto no cinema.

Marca Pessoal 8

Uma Marca Pessoal que tenha a energia 8 pode ajudar você nos seguintes aspectos:

- – Promover a organização;
- – Incentivar o direcionamento para atividades de liderança;
- – Incentivar a capacidade de organizar o mundo material;
- – Incentivar a capacidade de administrar;
- – Incentivar a capacidade de autocontrole.

A energia do Número 8 no destino profissional

Shaun Corey Carter foi eleito, pela revista *Time*, uma das 100 pessoas mais influentes no mundo em 2012-2013. Seu nome traz um Número do Destino 5. O criativo compositor e cantor de rap usa o nome artístico Jay Z, sua Marca Pessoal, que lhe traz o número 8, direcionando-o para atividades que se concretizam no mundo material. Ele usou a sua criatividade e poder de inovação para construir um império no mercado musical. É um dos artistas de hip hop mais bem-sucedidos da história. Com seu nome, número 8, Jay Z é um homem de negócios. Tem sua própria gravadora, lançou marcas de roupas, possui bares de grife e representa atletas profissionais. É casado com a também artista Beyoncé.

Marca Pessoal 9

Uma Marca Pessoal que tenha a energia 9 pode ajudar você nos seguintes aspectos:

9

- – Promover o sentido de amor universal;
- – Aumentar a capacidade de ampliar seus horizontes;
- – Ajudar na conexão com o mundo e propiciar maior abertura para novas abordagens;
- – Promover sentimentos de tolerância e compreensão.

O grande poder de um gênio

Albert Einstein, um dos grandes cientistas que já existiram, descobridor da teoria da relatividade, que é um dos pilares da física moderna, tem como número em seu nome de nascimento o 9. Sua ampla visão permitiu-lhe usar a teoria da relatividade para modelar a estrutura do Universo e abrir novos caminhos para o estudo da ciência.

Sua Marca Pessoal, usada para assinar seus trabalhos científicos e como professor das grandes universidades dos Estados Unidos e da Alemanha, e pela qual sempre foi conhecido e reverenciado, é a mesma de seu nascimento. Albert Einstein, com a energia do número 9, reafirmou a sua sede de conhecimento além da valorização de fazer algo que tivesse importância universal. Defendia os direitos iguais de todas as pessoas e valorizava a educação como fundamental para o homem livre.

Marca Pessoal 11

Uma Marca Pessoal que tenha a energia 11 pode ajudar você nos seguintes aspectos:

– Promover a intuição;
– Aumentar o potencial para a abertura da consciência espiritual;
– Promover a capacidade de liderança;
– Promover a criatividade;
– Aumentar a sensibilidade e a inspiração para a realização;
– Estabelecer um canal para a expressividade;

Um nome e tanto

Joanne Rowling, a autora da saga mundialmente famosa, *Harry Potter*, possui um Destino 4, que lhe traz as oportunidades de observar o mundo ao seu redor de forma precisa e organizada. Ao lançar o primeiro livro, a autora escocesa passou a usar o nome J. K. Rowling, sua Marca Pessoal, carregado de energia 11, o que lhe trouxe luz e inspiração para que fizesse o seu trabalho e pudesse atingir um grande número de pessoas.

Agora é a sua vez!

Vimos que a Marca Pessoal, escolhida consciente ou inconscientemente para agregar uma energia positiva ao Nome de Destino, pode ser formada de várias maneiras.

Nas mais simples, há a possibilidade de retirar um ou mais nomes dados pela família, reduzindo-se assim o nome que a pessoa recebeu ao ser registrada: Sheryl Kara Sandberg virou Sheryl Sandberg; Mikhaylovich Sergey Brin passou a ser Sergey Brin; Steven Allan Spielberg virou Steven Spielberg, entre outros exemplos.

Há mudanças mais expressivas para se chegar a uma Marca Pessoal, como Hillary Diane Rodham, que passou a usar seu nome de casada Hillary Clinton, e Nelson Mandela, que tinha um nome africano e passou a usar um nome inglês.

Há mudanças radicais, como nos casos de Silvio Santos e Jay Z, que têm nomes de nascimento completamente diferentes de seus nomes artísticos. E ainda há a possibilidade de mudar, tirar ou inserir uma letra do nome, como fez J. K. Rowling, autora de *Harry Potter*, que nasceu Joanne Rowling e depois abreviou o nome e inseriu uma nova letra nele.

Há diversas formas de se chegar à energia que você deseja. Assim, você pode:

- Acrescentar um sobrenome de forma completa ou abreviada. Como fez J. K. Rowling, que antes era Joanne Rowling. Neste caso, ela obteve com o novo nome a energia 11;
- Trocar letras de diferentes valores mas com o mesmo som, como a letra "i" pela letra "y";
- Tirar um, vários ou todos os sobrenomes para que o somatório chegue à energia que você quer;
- Mudar o nome totalmente, utilizando um apelido ou um pseudônimo, como nos casos de Silvio Santos e Jay Z;
- Usar o sobrenome do marido ou o da esposa.

Além de procurar um nome com uma nova vibração, *não deixe de respeitar os aspectos estéticos de grafia e principalmente de sonoridade.* Seguem abaixo algumas dicas que não chegam a interferir na compreensão do nome por terceiros:

- Dobrar uma letra, como de Ana para Anna, Milena para Millena etc.;
- Trocar "i" por "y" ou vice-versa: de Beto Junqueira para Beto Junqueyra;
- Colocar um "h" no fim de um nome que termina em vogal, como Débora para Deborah, Sara para Sarah, ou no meio de um nome, como Tiago para Thiago, Tomas para Thomas, Taís para Thaís;

Tenha consciência de que essa Marca Pessoal poderá trazer uma nova vibração para o seu Destino. E deve ser facilmente lida ou identificada. Ela aparecerá em diversas situações do seu dia a dia, quando estiver exercendo direta ou indiretamente o seu trabalho:

- Nos cartões de visitas ou cartões profissionais;
- Na assinatura de e-mails, cartas, contratos e documentos;

- ❑ Na placa de identificação na porta da sua sala ou na sua mesa de trabalho;
- ❑ Em um laudo ou parecer;
- ❑ Na capa de um livro, na assinatura de um quadro ou obra de arte;
- ❑ Nos créditos de um trabalho publicitário, de uma peça de teatro, no fim de um programa ou quadro de televisão;
- ❑ Ao assinar uma matéria num jornal ou revista;
- ❑ No crachá de um congresso ou convenção de vendas.

Enfim, você pode experimentar vários tipos de mudança. O importante é que elas tenham sido fruto de um profundo estudo do seu nome. Escolher uma Marca Pessoal é tarefa muito importante e deve ser feita de maneira responsável, sempre a partir da energia que o seu Destino traz para você no seu nome de nascimento.

É também importante que o nome escolhido por você seja compatível com a energia do seu Nome de Destino.

Você pode ter um Destino 7 e buscar uma Marca Pessoal 1 para ter mais iniciativa e impulsionar o seu Destino e todo o seu talento especial. Você pode ter um Destino 7 e buscar uma Marca Pessoal 9 para que o seu talento seja ampliado e, assim, usado em favor das outras pessoas. Você também pode ter um Destino 7 e buscar uma Marca Pessoal 3 para poder mostrar e comunicar o seu talento especial. Você ainda pode ter um Destino 7 e buscar uma Marca Pessoal 7 para fortalecer seu potencial diferenciado.

Por isso, a escolha de um nome para a sua vida no dia a dia deve ser feita com muita cautela e certeza.

Primeiro, reflita sobre o seu Destino, sobre o quanto você o tem vivenciado, de maneira a obter satisfação. Reflita com calma: veja se o seu Destino tem realmente um significado profundo para você. Pense sobre as oportunidades que surgem em sua vida e como você reage a elas. Verifique se as dificuldades que você enfrenta fazem parte da energia do número.

Depois, vá mais além e pense, com a ajuda da Numerologia, sobre o que lhe falta para trazer equilíbrio e prosperidade a esse Destino.

A partir daí você pode buscar uma energia nova para o seu nome.

PARTE II

Criando Grandes Marcas para a sua Empresa

Uma viagem no tempo: os Números e a Energia das grandes Marcas

O grande salto de Adolf

Anos 1920. A economia da Alemanha, devastada pelos efeitos da Primeira Guerra Mundial, ainda tentava se reerguer. Era preciso reconstruir um país. Tudo faltava. O que não faltava era entusiasmo a Adolph Dassler. Filho de uma família de tradição no ofício de padaria, o alemão sonhava em dar grandes passadas em outro segmento: o esporte. Adi, como era chamado, jamais se deixava abater: acreditava que um bom calçado, desenvolvido especificamente para determinada modalidade, poderia melhorar o desempenho dos atletas.

E foi na velha lavanderia da mãe que Adi montou uma pequena oficina. A guerra atingira a todos. Mas, se o recomeço é sempre difícil, a devastação da guerra também havia trazido oportunidades. Materiais dos mais variados tipos, sobras de matéria-prima e de produção de artigos voltados para os tempos de batalha eram vendidos a preços baixíssimos. Logo ganhariam outro destino e estariam no palco de outras batalhas. Batalhas certamente muito mais nobres: pistas de corrida e quadras esportivas. Com esses materiais, Adi fez seu primeiro calçado esportivo, confeccionado com lona, travas e pregos moldados manualmente. Logo seu irmão Rudolph, um vendedor nato, juntou-se a ele.

A escassez de materiais, máquinas e energia que assolava o território germânico e toda a Europa dificultava a retomada da economia. Mas energia era o que não faltava àquele empreendedor, que em poucos anos conseguiu patentear seus calçados. A cada molde, a cada teste, a cada dia, seu material ficava melhor. E o sonho começou a ser realizado. Nas Olimpíadas de Amsterdã, em 1928, os irmãos Dassler puderam assistir a uma grande vitória. A primeira de muitas: os atletas alemães calçavam os sapatos esportivos confeccionados por eles.

Mais do que medalhas, eles conquistaram o reconhecimento. Na década de 1930, os irmãos Dassler dirigiam uma fábrica com cem funcionários. Produziam cerca de trinta modelos para diversas modalidades esportivas. No entanto, veio a Segunda Guerra Mundial, e os Dassler perderam a fábrica.

Os efeitos da Segunda Guerra foram ainda mais devastadores sobre a Alemanha. Não havia recursos, não havia matéria-prima, não havia boas perspectivas no horizonte. Mas os Dassler não desistiram. Voltaram a fazer calçados esportivos aproveitando o material que encontravam. A borracha retirada dos vasilhames que os aliados utilizavam para armazenar combustível e a lona das barracas dos acampamentos militares, rasgadas e em péssimo estado, foram aproveitadas pelos irmãos. A borracha viraria sola e a lona, o fechamento dos novos calçados que voltariam a brilhar nos eventos esportivos mundo afora.

Em 1948, Rudolph Dassler separou-se de Adi e criou sua própria empresa de artigos esportivos. Adi Dassler seguiu em frente, sempre (!), e fundou a sua. A partir do seu nome, acreditando no seu entusiasmo e em toda essa energia, Adi criou uma das maiores marcas esportivas de todos os tempos e que daria passos, saltos ainda mais espetaculares nos anos seguintes. Adi criou a...

ADIDAS!

A ADIDAS é hoje marca de eficiência e competitividade nos esportes. É uma das maiores empresas de artigos esportivos do mundo. Seus números são:

Soma das vogais	1		9		1		> 1 + 9 + 1 = **11**
	A	**D**	**I**	**D**	**A**	**S**	
Soma das consoantes		4		4		1	> 4 + 4 + 1 = **9**
Soma total							> 11 + 9 = 20 > 2 + 0 = **2**

Na soma das vogais a marca ADIDAS tem o número 11, que possibilita o crescimento e a abertura para novidades, quebrando paradigmas. Na soma das consoantes, a marca alemã tem o número 9, que traz aceitação do público e amplia horizontes. No tocante à soma de todas as letras, a marca ADIDAS tem o número 2, energia que possibilita o movimento de transformação, adaptação e renovação constantes.

A curiosidade de Soichiro foi longe...

Cidade de Hamamatsu, Japão. Primeira metade do século XX. Um menino chamado Soichiro ficava horas admirando os automóveis. Não se cansava de vê-los "desfilar" pelas ruas da cidade. Gostava ainda mais de examiná-los por dentro, em especial os motores. Aos 13 anos, Soichiro construiu uma bicicleta e começou a sentir que poderia, com suas mãos e seu entusiasmo, ir mais longe. E mais rápido.

Aos 16 anos, o japonês começou a trabalhar como aprendiz em uma oficina mecânica. Sua curiosidade e engenhosidade eram tamanhas que não levou muito tempo para que abrisse sua própria oficina. Ele era apaixonado por corridas de carros e, naturalmente, passou a montar os seus próprios modelos para participar das provas, com um diferencial: adaptava motores de avião para dar mais velocidade.

Foi nessa época que resolveu produzir anéis para pistões. Com a Segunda Guerra Mundial, Soichiro passou a fornecer hélices para a Força Aérea Japonesa. Mas um terremoto em 1945 e os bombardeios que atingiram o Japão destruíram sua fábrica, impossibilitando-o de continuar a produzir. Suas instalações estavam em ruínas. Mas seus sonhos não. Como Soichiro não conseguia se reerguer, acabou vendendo o que restara da sua fábrica para a Toyota, um dos seus principais clientes de anéis para pistões.

O pós-guerra no Japão foi um período de dura reconstrução. Havia racionamento de combustível, e o sistema de transporte ferroviário, que era precário, ficou sobrecarregado. Foi quando Soichiro, com seu espírito empreendedor, sempre atento às oportunidades, teve uma ideia genial: adaptou motores de geradores em bicicletas, montando, com isso, os primeiros ciclomotores. A receptividade foi grande, pois ele conseguia resolver problemas de locomoção de um incontável número de japoneses a um custo baixo e com pouquíssimo consumo de combustível.

O sucesso foi tão grande que em pouco tempo ele passou a fabricar os seus próprios motores. E, em 1948, três anos após o terremoto e o fim da guerra, Soichiro fundou a...

HONDA MOTOR COMPANY

Como se pode ver, para criar o nome da empresa, Soichiro Honda inspirou-se no seu sobrenome. Logicamente procurou desde o início que sua empresa tivesse uma energia em sintonia com seu espírito desbravador e perseverante.

Já no ano seguinte, ele lançou a primeira motocicleta Honda com 98 cilindradas e 3 cavalos. Esse homem determinado e audacioso não parou por aí e foi cada vez mais longe: sempre atuante em todas as áreas do seu empreendimento, Soichiro Honda transformou sua empresa na maior indústria de motocicletas do mundo. Nas suas ações, a marca Honda consolidou-se como empresa de vanguarda, investindo em tecnologia de ponta. Não tardou em transformar a HONDA em referência mundial também como produtora de automóveis, presentes nos quatro cantos do planeta.

E o sonho de Soichiro Honda segue em direção ao futuro, sempre inovando, buscando adaptar-se às necessidades do mercado e de uma crescente escassez de combustíveis. A Honda hoje destaca-se na produção de veículos híbridos e modelos movidos a célula combustível.

Além do espírito empreendedor de Soichiro Honda, esse sucesso tem muito a ver com o nome que criou para sua empresa, tanto o da fábrica como a marca.

Vamos analisar inicialmente os números da marca HONDA:

Soma das vogais		6			1	> 6 + 1 = **7**
	H	**O**	**N**	**D**	**A**	
Soma das consoantes	8		5	4		> 8 + 5 + 4 = 17 > 1 + 7 = **8**
Soma total						> 7 + 8 = 15 > 1 + 5 = **6**

Na soma das vogais, a energia da marca HONDA está ligada à especialização, à criação de produtos diferenciados e à precisão. Na soma das consoantes, a marca japonesa carrega uma forte energia de eficiência, solidez, competitividade e força. E na soma total, HONDA tem a energia da capacidade utilitária, assim como boa receptividade, contribuindo para a melhoria da vida das pessoas.

Vamos aproveitar para analisar também a razão social da Honda e a energia que ela possui:

Honda Motor Co. Ltd.

Os mesmos números encontrados na marca Honda curiosamente se repetem no nome da razão social: 7, 8 e 6. Essa repetição de números potencializa as características de cada um deles.

Soma das vogais		6			1			6		6				6					> 6 + 1 + 6 + 6 + 6 = 25 > 2 + 5 = **7**
	H	**O**	**N**	**D**	**A**		**M**	**O**	**T**	**O**	**R**		**C**	**O**		**L**	**T**	**D**	
Soma das consoantes	8		5	4			4		2		9		3			3	2	4	> 8 + 5 + 4 + 4 + 2 + 9 + 3 + 3 + 2 + 4 = 44 > 4 + 4 = **8**
Soma total																			> 7 + 8 = 15 > 1 + 5 = **6**

Podemos também analisar a energia que traz THE POWER OF DREAMS, lema que direciona e move a Honda baseado nos princípios visionários de Soichiro Honda, como consta no site oficial da montadora: "Nós vemos o mundo não como ele é, mas como ele poderia ser."

O somatório do slogan dá um número 11, que representa o espírito visionário de quem está à frente com suas ideias revolucionárias.

Phil e Bill queriam dar passos largos

Início dos anos 1960. Estados Unidos. O mercado de calçados esportivos era dominado pelas tradicionais marcas alemãs. Foi nessa época que o atleta de corrida Phil Knight e seu treinador na universidade, Bill Bowerman, resolveram importar do Japão tênis para a prática do atletismo.

Inicialmente os dois esportistas vendiam esses sapatos em sua "loja" itinerante, que era nada mais, nada menos que a parte traseira de uma caminhonete. Eles iam a todos os lugares onde ocorriam competições de atletismo. Eram dois camelôs motorizados. E cheios de vontade. Mas, como era de se esperar, a empreitada não foi fácil, pois, apesar de o mercado norte-americano ser promissor, os produtos alemães eram considerados insuperáveis.

Bill logo começou a modificar o tênis importado, adaptando um acolchoado na parte interna (uma inovação naquela época) e reforçando a sola com borracha. Com isso, ele queria melhorar a performance do atleta. Esse novo modelo, de sola leve e arredondada, conquistou uma expressiva e imediata aceitação por parte dos profissionais do esporte. Pronto! O primeiro produto do empreendimento da dupla estava lançado com êxito. Mas eles queriam dar passos mais largos...

Em 1968, os amigos e também sócios Phil e Bill decidiram criar uma empresa. Para a escolha do nome que nortearia essa nova etapa, inspiraram-se na deusa grega da vitória, em alusão a um produto que faria as pessoas correrem com grande velocidade.

O nome da deusa era Niké. Estava criada a...:

NIKE!

Dez anos depois, a Nike se lançou no mercado internacional, e, na década de 1980, os tênis Nike eram o sonho de consumo de jovens do mundo inteiro. Hoje, a marca, que é a primeira em artigos esportivos, leva a seus consumidores o ideal de vitória, superação e quebra de recordes.

Em 1979, a Nike já abocanhara cerca de 50% de participação no disputado mercado norte-americano de calçados de caminhada e corrida. Os anúncios da marca, sempre associados a grandes estrelas do mundo esportivo, fizeram com que a Nike se tornasse mundialmente conhecida.

A Nike trouxe muitas inovações para os calçados, no design e no material. É hoje a maior companhia de esportes e fitness do mundo.

Ao analisar a marca Nike e a energia dos seus números, constatamos uma grande sintonia com a proposta de seus sócios-fundadores (a partir dessa tabela, como você já aprendeu a fazer as contas, apresentaremos apenas o resultado final de cada soma e a respectiva energia que cada número proporciona):

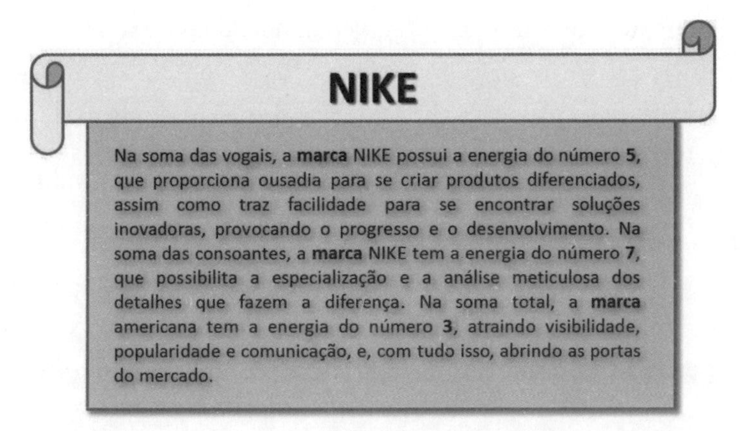

A razão social Nike Inc. também traz vibrações positivas:

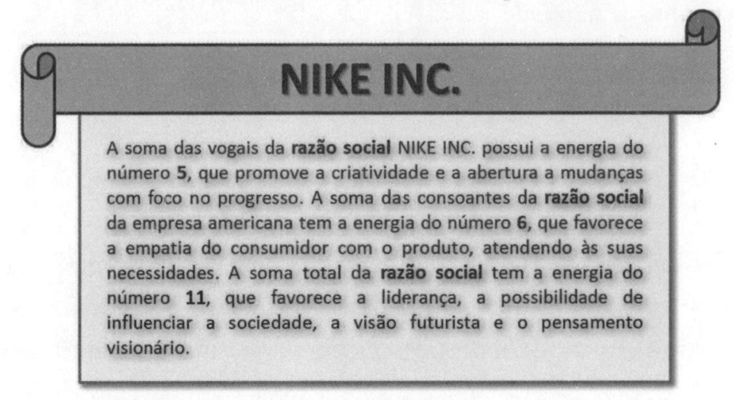

Um olhar além do tempo

O pai de Sakichi era carpinteiro e sua mãe trabalhava com tecelagem em uma pequena comunidade no Japão. Era fim do século XIX e o jovem Sakichi observou que o trabalho que sua mãe e as outras mulheres executavam nos pesados teares de madeira era muito difícil, por demandar grande força física. Além disso, os movimentos repetitivos pareciam desnecessários, fazendo com que se desperdiçasse energia e tempo.

Foi então que Sakichi resolveu criar alternativas que facilitariam o trabalho com os teares. Ele criou o primeiro tear automático do Japão. Sakichi inventou mecanismos para simplificar o manejo do tear, aumentando consequentemente a produtividade. Sua criatividade o transformou em uma das figuras de negócios mais importantes do século XX. Influenciado pela era industrial que o Ocidente vivia e que ainda não havia chegado ao Japão, Sakichi não deixava de aprender com os outros países do Ocidente novos métodos de produção.

O livro *Self Help* [Autoajuda], do autor escocês Samuel Smiles, um guru da gestão motivacional, contribuiu para que Sakichi aplicasse na sua empresa uma filosofia de trabalho completamente diferente. O criativo e revolucionário empreendedor valorizava a contribuição do indivíduo à empresa e desta, por sua vez, à coletividade mundial, ou seja, Sakichi visava ao desenvolvimento da humanidade por meio do trabalho. A empresa que ele fundou, e que não tardaria a se expandir mundo afora, começava com o seu nome de família:

TOYODA AUTOMATIC LOOM WORKS

Sakichi influenciou seu filho Kiichiro Toyoda para que seguisse seus passos inovadores em busca de soluções para problemas. O jovem formou-se na Universidade de Tóquio e foi trabalhar com o pai na empresa de tecelagem. Acompanhou também o desenvolvimento do processo industrial em Detroit, Estados Unidos, especialmente na indústria automobilística.

Os acontecimentos de 1923, o grande terremoto no Japão, levaram à destruição de boa parte das linhas ferroviárias, que eram o principal meio de transporte no país na época. Fascinado por automóveis, Toyoda resolveu então desenvolver um modelo japonês. A oficina ficava dentro da fábrica de tecelagem, e em 1936 estava pronto o primeiro carro. E em 1937 era constituída a:

TOYOTA MOTOR COMPANY LTD.

A empresa resolveu mudar o "d" de Toyoda para "t" porque o número de pinceladas para escrever Toyota em japonês é 8, e este é considerado, por eles, um número de sorte e prosperidade.

Em 1950, a Toyota abriu uma revendedora nos Estados Unidos. Começava aí a sua trajetória internacional. Seu sistema de gestão continua sendo um dos segredos de seu sucesso. A Toyota, empresa produtora de automóveis com sede na cidade de Toyota, província de Aichi, no Japão, tornou-se a maior montadora de automóveis do mundo. Uma empresa das mais bem-sucedidas e influentes do nosso planeta.

TOYOTA MOTOR COMPANY LTD. foi o primeiro nome no registro social que a indústria de automóveis recebeu e tem os seguintes números:

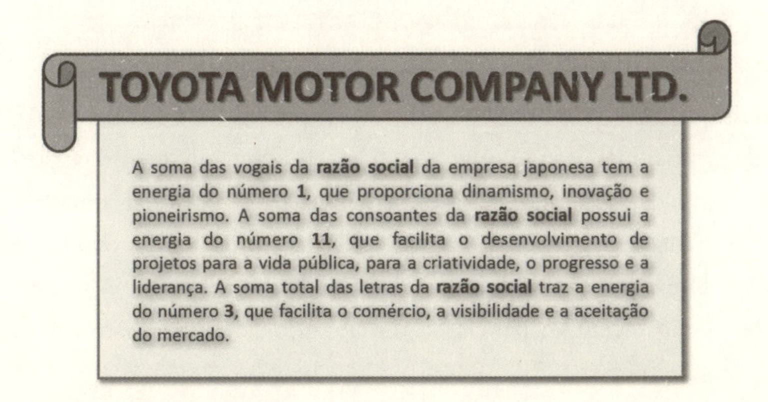

Hoje o nome global da empresa, TOYOTA MOTOR CORPORATION, mantém números em perfeita sintonia com os princípios de seu fundador: a soma das vogais tem no número 6 a mesma energia do nome completo, proporcionando aceitação do público e de uma filosofia e prática corporativas que valorizam a sociedade, assim como o cliente. A soma das consoantes chega a um número 9, que também contribui para o desenvolvimento e bem-estar da comunidade (um dos princípios da Toyota). A soma do nome completo dá um número 6, que facilita a vivência de um dos princípios da Toyota, que é permitir o trabalho em equipe, dentro de um ambiente acolhedor e familiar.

E, por fim, analisando a marca TOYOTA, temos:

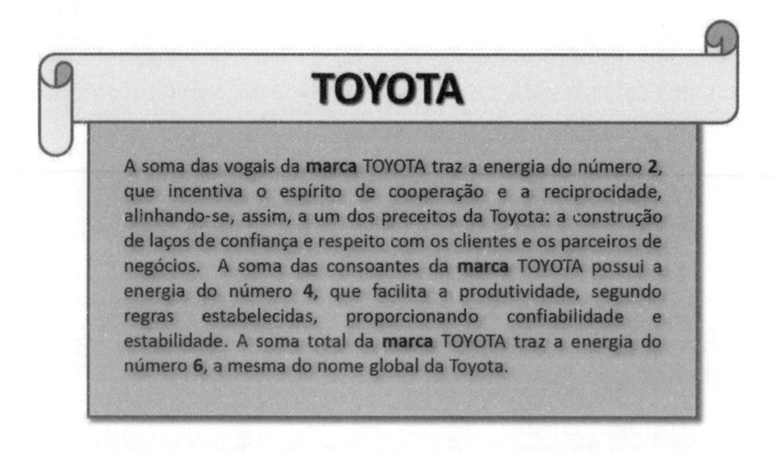

Mais que uma montadora ou empresa de produção, a Toyota é um estilo de vida profissional. É mais uma luta diária de desenvolvimento pessoal que uma questão de rendimento trimestral e lucro líquido. É mais uma filosofia que um plano de negócios. O segredo do sucesso da Toyota está no modo de lidar com seu negócio como um todo, fundamentado no respeito ao próximo e no incentivo para cada funcionário se envolver ativamente na busca de suas metas.

Aceita mais do que um cafezinho?

Na costa oeste dos Estados Unidos vivia Howard Schultz, um homem que sempre jogou para ganhar. Começou a trabalhar aos 12 anos como entregador de folhetos, foi funcionário em uma lanchonete e também exerceu a atividade de peleiro, esticando peles de animais. Graças ao bom desempenho nos esportes, conseguiu uma bolsa de estudos na universidade. E em 1975, já formado em comunicação e com algum conhecimento em administração, depois de passar algum tempo sem saber a que profissão exatamente se dedicar, Howard Schultz conquistou uma vaga na empresa Xerox. O jovem destacou-se rapidamente como vendedor. No entanto, ele ansiava por novos desafios. Foi contratado por uma empresa sueca que vendia equipamentos domésticos; ao assumir, comandava uma equipe de vendedores.

Mesmo assim, Howard continuava insatisfeito com suas conquistas. Foi quando observou, na empresa em que trabalhava, que um pequeno comércio de Seattle fazia muitos pedidos de um certo tipo de aparelho para coar café. Ele então resolveu visitar a empresa, que a essa altura possuía cinco lojas que vendiam café. Howard Schultz ficou fascinado com aquele mundo de sabores de grãos de café que vinham de tantos lugares diferentes do mundo. Ao conhecer os fundadores da empresa, Jerry Baldwin, Gordon Bowker e Zev Siegl, Howard percebeu que poderia transformar a marca em um império. Com tanta convicção, não teve dificuldade em convencer os sócios a contratá-lo como diretor de operações e de marketing. Foi nessa época que ele, numa viagem à Itália, fez uma descoberta que mudaria sua vida — e a forma de o mundo saborear café...

Howard Schultz visitou vários "cafés" na charmosa cidade de Milão e percebeu como os italianos saboreavam a bebida quente. Era mais do que um simples hábito. Os cafés eram a extensão da própria casa, pontos de encontros e reuniões. Era um ritual com fortes raízes culturais, porém com grande potencial de popularização não somente em Seattle como em todos os Estados Unidos.

O talentoso empresário norte-americano sentiu o cheiro do sucesso no ar. A clientela de Seattle também. Em pouco tempo os "lattes" e "mochas" italianos conquistaram o público. O negócio expandiu-se rapidamente, mas Howard sabia que poderia ir muito mais longe com o negócio de vender cafés de qualidade. Em 1987, ele comprou essa empresa cujo nome referenciava a sereia de *Moby Dick*, de Herman Melville, que inspirou a criação da marca da rede de cafeterias mais conhecida da Terra. O mundo não resistiria aos encantos dessa sereia que logo se aventurou com sucesso por todos os cantos.

STARBUCKS!

Inicialmente o nome seria Carho House, mas um dos primeiros proprietários da Starbucks disse que palavras iniciadas por "ST" tinham um certo poder.

O poder da marca associado à energia de Howard Schultz levaram a Starbucks Café a mais de trinta países, com mais de 6 mil lojas.

Hoje a Starbucks é a maior rede de cafeterias do mundo. Suas milhares de lojas espalhadas por muitos países são espaços modernos e aconchegantes onde as pessoas podem ler jornal, conversar e fazer negócios, saboreando várias opções de café. A ideia é que a Starbucks seja o terceiro ambiente de uma pessoa, depois da casa e do trabalho.

Os números da empresa STARBUCKS CORPORATION mostram uma sintonia perfeita com os anseios de seu grande idealizador:

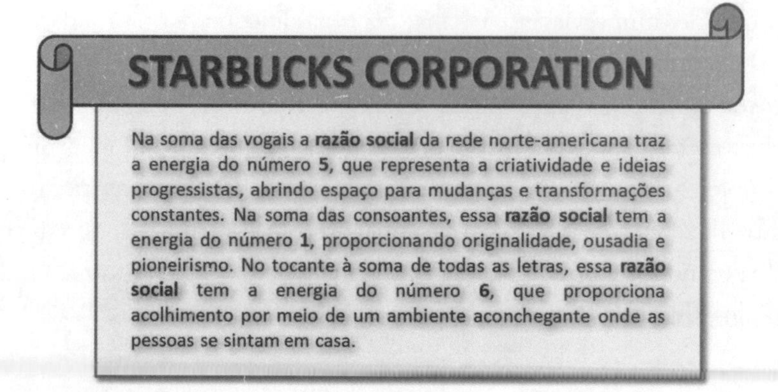

O nome da marca STARBUCKS traz uma energia que se encaixa no espírito que Howard Schultz incorporou à empresa de Seattle:

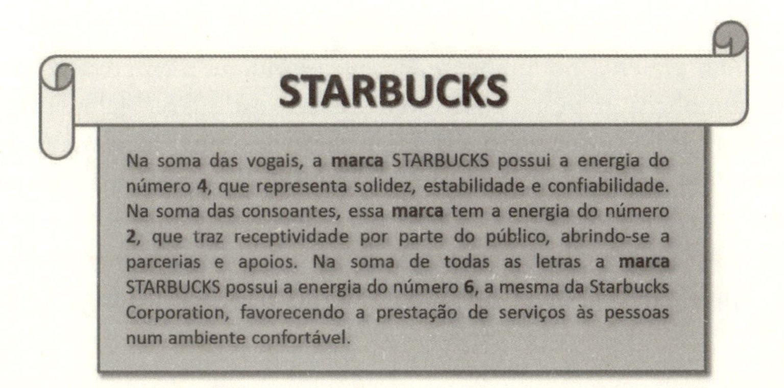

Uma estranha paixão

William recebeu um nome comum nos Estados Unidos. No entanto, sua paixão por computadores não era nada corriqueira nos anos 1980. William foi admitido na Universidade de Harvard após ter frequentado as melhores escolas particulares de Seattle, sua cidade natal. Mas abandonou o curso de matemática e direito no terceiro ano para se dedicar à empresa onde trabalhava. Ele era um estudante fascinado por computadores e se dedicava a estudar horas e mais horas lógica e linguagem de programação, trocando muitas vezes o dia pela noite.

O primeiro produto desenvolvido pela sua empresa foi uma versão do programa BASIC para o computador Altair 8800 da MITS, um dos primeiros computadores pessoais. Em 1980, a IBM escolheu a empresa de William como fornecedora do sistema operacional do seu PC, iniciando, assim, uma grande parceria.

A partir daí, a empresa, fundada em 4 de abril de 1975, não parou de crescer. Juntamente com seu sócio Paul Gardner Allen, o visionário e agressivo negociador William Henry Gates III, o Bill Gates, criou a maior empresa multinacional de softwares:

MICROSOFT

A Microsoft é hoje uma das empresas de tecnologia que mais investe em pesquisa e desenvolvimento. Bill Gates chegou a ser o homem mais rico do mundo, mas preferiu, no momento em que sentiu que a empresa já estava bem encaminhada, ir para o conselho e dedicar-se à Bill & Melinda Gates Foundation. Bill Gates conduz sua organização sem fins lucrativos na luta para erradicar a Aids e outras doenças que atingem os países do Terceiro Mundo.

Analisando a energia dos nomes da empresa e da marca, identificamos os princípios que Bill Gates procurou incorporar ao seu negócio desde o início:

MICROSOFT

Na soma das vogais, a **marca** MICROSOFT tem a energia do número **3**, que favorece a comunicação e a expansão dos negócios. Na soma das consoantes, essa **marca** traz a energia do número **7**, que possibilita a especialização, o uso da lógica e da tecnologia. A soma de todas as letras dessa **marca** possui a energia do número **1**, que proporciona inovação, iniciativa, pioneirismo e liderança.

MICROSOFT CORPORATION

Essa **razão social** tem, na soma das vogais, a energia do número **4**, que proporciona confiabilidade, estabilidade, organização e solidez. A soma de todas as consoantes tem a energia do número **6**, que favorece a prestação de serviços e uma boa receptividade por parte dos usuários. A soma de todas as letras dessa **razão social** tem a energia do número **1**, a mesma da **marca** MICROSOFT, trazendo inovação, iniciativa e pioneirismo.

Uma ferramenta preciosa

Sergey Brin nasceu em Moscou, na antiga União Soviética, e emigrou junto com a família para os Estados Unidos quando tinha 6 anos. Seu pai, um professor universitário de matemática, alimentou o interesse de Sergey pelo assunto. Sua mãe é cientista da Nasa. Em 1993, com apenas 19 anos, ele se formou em ciências da computação. Sergey sempre mostrou grande facilidade para a matemática, consagrando-se como um gênio nessa matéria. Ele gostava também das aulas de educação física, natação e da vida social no campus. Sempre foi extrovertido. Começou seus estudos de pós-graduação em ciência da computação na Universidade de Stanford e, durante o curso, conheceu Larry Page.

Diferentemente de Sergey, Larry sempre foi mais contemplativo e quieto. Seus pais eram professores da Universidade de Michigan na área de ciências da computação. Larry foi exposto desde criança a essa tecnologia. Achava que poderia fazer muita coisa com os computadores. Com essa facilidade em casa, rara na época, fazia seus deveres da escola primária no computador. Seus professores ficavam surpresos e desnorteados com a novidade. Ainda bem jovem, construiu com peças de Lego uma impressora a jato de tinta que funcionava. Na universidade, estudou engenharia de computação e fez cursos de administração. Foi um aluno brilhante. Uma vez usou um palm top para um projeto do curso quando ninguém ainda sabia o que era isso.

Sergey Brin e Larry Page tinham ambições e interesses em comum. Suas personalidades e habilidades eram opostas, mas incrivelmente complementares. Desde que se conheceram, eles se atracavam em intermináveis duelos intelectuais. Daí nasceu uma grande amizade.

Com seus amplos conhecimentos em matemática e computação, em 1996, durante o curso de doutorado na Universidade de Stanford, Page e Brin se uniram para descobrir uma maneira mais eficaz de fazer pesquisas na internet. E em 1997 foi criado o site de buscas:

GOOGLE!

Diferentemente dos outros sites de busca que existiam, o Google ordenava os resultados, de forma lógica, com base na relevância. A princípio o site foi disponibilizado somente para os estudantes e funcionários da Universidade de Stanford.

O Google se transformou, em menos de uma década, na maior ferramenta de busca on-line, fornecendo todo tipo de informação de maneira livre, imediata, eficiente e organizada. Tornou-se imprescindível na vida das pessoas. Ao longo do tempo, o site vem criando novos serviços e produtos.

Não foi preciso investimento em propaganda para que o buscador fosse mundialmente conhecido e utilizado. Mas foi um trabalho que exigiu muito esforço e muitas horas de dedicação.

A palavra Google é um trocadilho em cima da palavra "googol", termo matemático para o número representado pelo dígito 1 seguido de cem dígitos 0. O uso do termo reflete a missão da dupla de organizar uma quantidade aparentemente infinita de informações na web.

Os números do nome Google abrem os canais para a prosperidade e a aceitação do público:

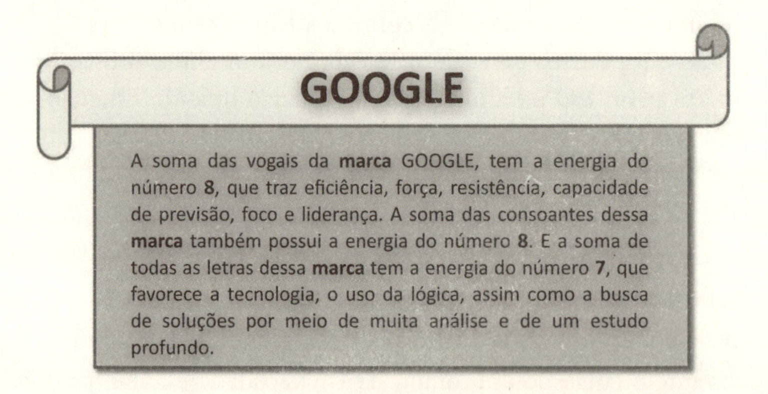

A razão social GOOGLE INC. também tem números que estão alinhados com os princípios da empresa:

GOOGLE INC.

A soma das vogais dessa **razão social** possui a energia do número **8**, trazendo base sólida e favorecendo a competência, a organização e o poder. A soma das consoantes tem a energia do número **7**, que favorece a investigação, a tecnologia, a ciência, a análise, a pesquisa e a especialização. A soma de todas as letras possui a energia do número **6**, que possibilita uma boa prestação de serviços, dando suporte às pessoas e estimulando a formação de grupos.

O futurista sempre presente

Steve nasceu em 1954. Sua mãe biológica, universitária, solteira, resolveu entregá-lo para adoção, mas exigiu que as pessoas que ficassem com seu filho fossem pós-graduadas. No entanto, isso não aconteceu, e o menino foi adotado por pessoas simples: um mecânico e sua mulher. Seu pai quis introduzi-lo no mundo da mecânica de automóveis, porém Steve logo cedo mostrou interesse pela tecnologia, conseguindo um emprego na Hewlett-Packard. Foi no período do colégio que Steve conheceu aquele que seria seu parceiro de longos anos: Stephen Wozniak. Com a mesma paixão por eletrônica, os dois criaram um dispositivo que permitia a realização de chamadas de longa distância de graça, a partir da emissão de um som com uma determinada frequência. Ao completar 17 anos, ele entrou para a universidade, porém, depois de seis meses, se viu obrigado a abandoná-la por causa dos altos custos.

Dez anos mais tarde, Steve e seu amigo Wozniak uniram-se para montar um computador. Os amigos venderam alguns de seus pertences (uma calculadora científica de Wozniak e uma minivan de Steve), conseguiram um capital inicial e, na garagem de Steve, montaram seu primeiro protótipo de computador. Era um computador pessoal, muito mais acessível para o uso do que as enormes máquinas existentes. Tratava-se, portanto, de um grande avanço em relação aos computadores da época. Ele seria entregue montado e proporcionava ao usuário muitas facilidades. Esse computador, que teria o nome de uma fruta, deu origem ao nome da empresa. E assim, em 1976, eles fundaram a...

APPLE COMPUTER INC.

Wozniak tornou-se vice-presidente e cabia a ele toda a parte de pesquisa e desenvolvimento da Apple. Steve Jobs se encarregava das vendas do produto, que era totalmente novo no mercado. Muita coisa mudou a partir daí. Os negócios não pararam de deslanchar. Hoje a Apple é uma gigante da tecnologia e a maior empresa do mundo. Seus produtos revolucionários, iPod, iPad, iPhone e Macintosh, mudaram o estilo de vida das pessoas.

Os números da marca APPLE:

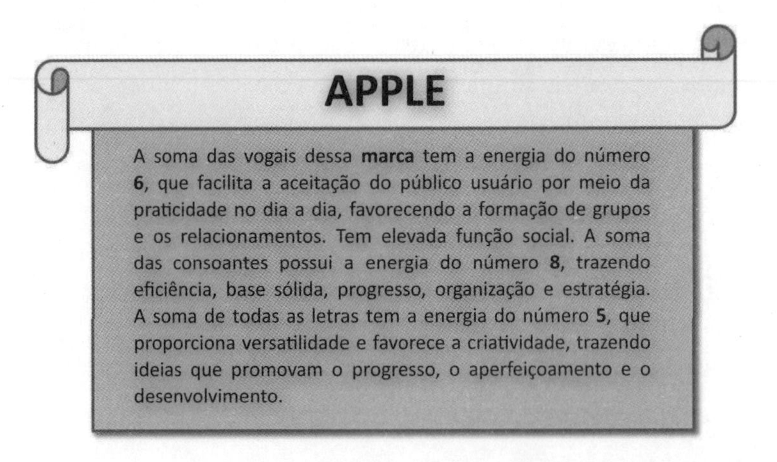

Os números da atual razão social da Apple, APPLE INC., demonstram forte sintonia com os propósitos de seus fundadores:

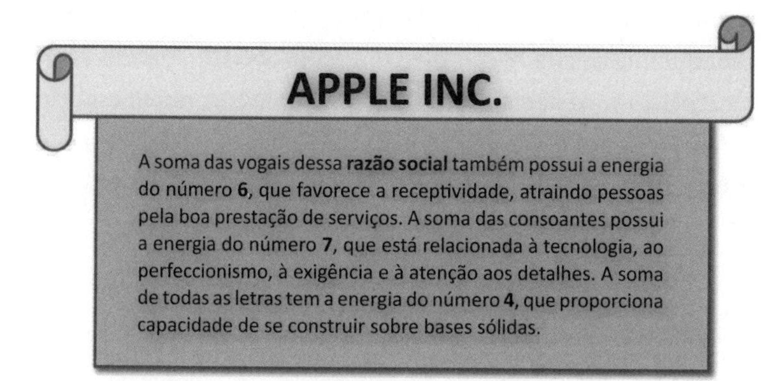

Em nome da natureza

Antônio Luiz Seabra começou a trabalhar aos 15 anos como orçamentista numa gráfica onde seu pai era funcionário. Mais tarde, conseguiu um estágio no departamento de Recursos Humanos da Remington, fábrica de computadores e equipamentos de escritório. Aos 19 anos ele já acumulava um cargo de chefia e, aos 21, chegou à superintendência.

Mas o jovem queria ir mais longe e logo foi em busca de novos desafios. Ao entrar no mundo da cosmética, Antônio se apaixonou e, após três anos numa empresa dedicada a esse ramo, se associou a um dos herdeiros para ter seu próprio negócio. Isso ocorreu no fim da década de 1960. No início, como todo negócio novo, travou uma ferrenha luta pela sobrevivência. Mas os frutos de um trabalho árduo surgiram logo: em meados da década seguinte a empresa deslanchou.

Começaram com uma pequena loja na cidade de São Paulo onde o próprio Antônio tinha contato direto com os clientes, oferecendo um atendimento personalizado. Isso o ajudou a conhecer ainda mais as necessidades do público. O DNA da empresa está no uso sustentável da biodiversidade do nosso país. Mas o grande pulo do gato foi a estratégia de distribuição: a venda direta. Esse canal surgiu como uma alternativa de crescimento mais rápido, e, por meio dele, eles conseguiram consolidar a marca no país, diferenciando-se da concorrência. O empresário, com uma mentalidade jovem e inovadora, destacou-se também em ações sociais, criando assim uma grande sinergia com a marca de cosméticos. Hoje a empresa está presente em vários países e goza de excelente imagem junto ao público consumidor. Essa empresa é a...

NATURA

A marca possui números que a ajudaram a abrir os caminhos rumo ao reconhecimento e, consequentemente, ao sucesso:

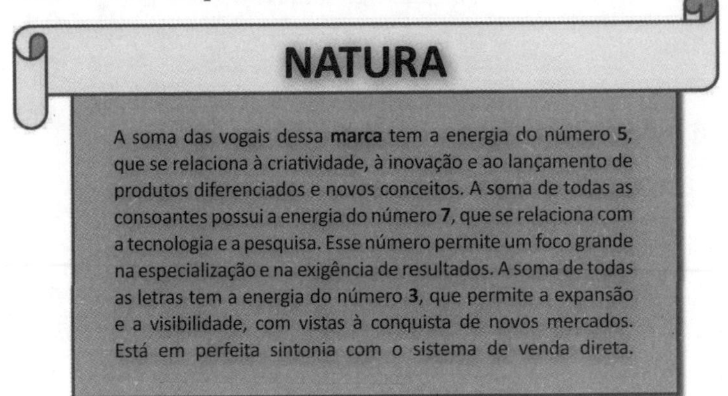

A razão social Natura Cosméticos S.A. está também alinhada ao perfil que seus sócios buscaram:

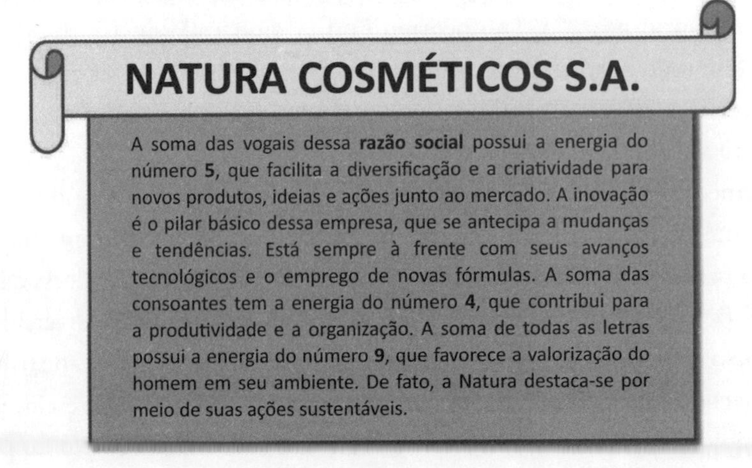

Uma pintura de empresa

José Achar, o mais velho de 11 irmãos de uma família de origem síria, trabalhava em uma loja de materiais de construção. Como sabia vender tintas como ninguém, resolveu fabricar e vender seu próprio produto. E assim, em 1958, abriu sua fábrica de tintas em uma pequena garagem na Cidade do México. Em 1961, Alfredo, seu irmão, juntou-se à sociedade. Com o sucesso do empreendimento eles fizeram investimentos, compraram mais máquinas e se mudaram para um velho moinho. Aos poucos os outros irmãos também começaram a integrar a empresa.

Entre 1963 e 1965, empresas do mesmo ramo fizeram um boicote e decidiram não vender mais em lojas que fossem abastecidas pela empresa dos irmãos. Isso fez com que eles tivessem a iniciativa de abrir suas próprias lojas especializadas. Em pouco tempo, já possuíam uma rede de noventa lojas na cidade. O sucesso também trouxe um problema de gestão de tantos pontos de venda. Para superar essa questão, os gerentes das lojas foram convertidos em donos da empresa no sistema de participação de cotas. Começou aí o sistema de franquias.

O grande incentivo fez com que a produção e as vendas crescessem, e em quatro décadas o grupo chegou a 3.300 lojas. Em cinquenta anos, a pequena empresa familiar tornara-se líder absoluta no mercado mexicano de pinturas e revestimentos. Seus negócios foram expandidos até os Estados Unidos, Canadá e em outros países da América Latina.

Essa organização possui também um nome forte, com números que abriram o caminho para soluções criativas diante das dificuldades que surgiram. Essa empresa é a...

COMEX!

A razão social da Comex, Comercial Mexicana de Pinturas S.A. de C.V., apresenta os seguintes números na sua composição:

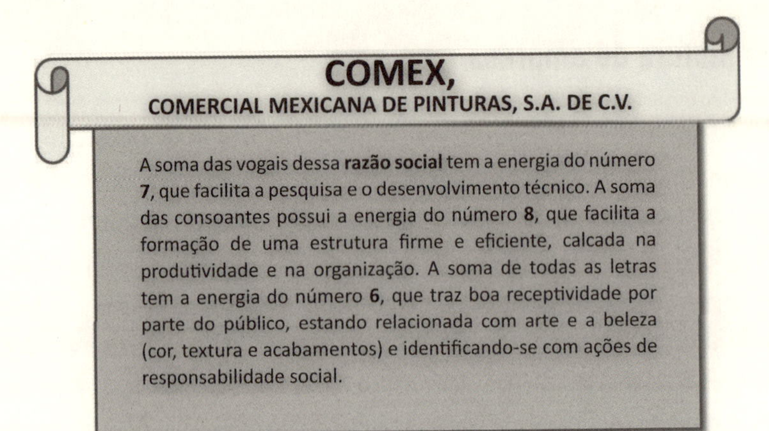

A marca ou nome fantasia COMEX está também em sintonia com os princípios dos irmãos mexicanos:

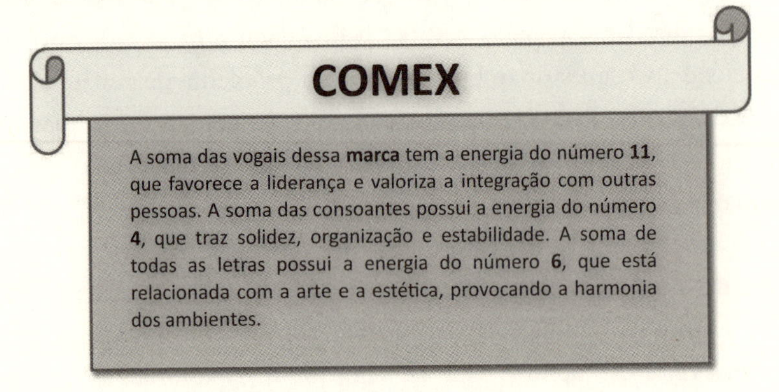

Os Números que equilibram a sua empresa

Esse passeio pela história proporcionou um conhecimento mais profundo da energia que está por trás de empresas e marcas bem-sucedidas, nos mais variados segmentos. Mas, a essa altura, você certamente está muito curioso em saber como criar o nome do seu negócio.

Agora é a sua vez. Assim como você recebeu um nome ao nascer, sua empresa também recebe um nome ao ser fundada. E, como você viu, esse nome deve ter números que fortaleçam os objetivos e as características do empreendimento. Talvez sua empresa já esteja constituída ou registrada com um determinado nome. Você poderá verificar se esse nome tem números que levam o seu negócio ao sucesso. Tanto para um negócio que já esteja registrado como para o que ainda será criado, a Numerologia é um excelente recurso para trazer energia favorável ao sucesso.

Além da razão social e do nome fantasia/marca da empresa, há outros itens a serem analisados. O endereço onde está sediada a empresa traz também energias que poderão influenciar no dia a dia dos seus negócios. É como o seu lar: o número do seu apartamento ou da porta da sua casa é uma força que se manifesta nas pessoas que vivem ali dentro. No caso da empresa, um número adequado pode fazer a diferença. Se sua empresa já tem um número de domicílio, vamos analisá-lo e, caso necessário, complementá-lo para conseguir a energia ideal.

As datas em que ocorrem movimentos importantes em uma empresa também exercem forte influência. É fundamental escolher o melhor mês e o melhor dia para tomar decisões importantes como assinatura de contratos, fazer mudanças, contratações de pessoal em posições-chave, participações em determinados eventos como feiras, licitações, investimentos, apresentação em congressos, apresentação de projetos, abertura de negócio, fazer campanha de comunicação etc.

Assim, mostraremos a seguir os quatro pontos fundamentais para você saber como criar ou ajustar os números que envolvem a sua empresa:

1. O nome da razão social;
2. O nome fantasia ou Marca;
3. O número do endereço;
4. Os melhores momentos para se tomar decisões.

1. RAZÃO SOCIAL

A razão social de uma empresa é seu nome devidamente registrado no órgão competente, que lhe confere a identidade jurídica. Suas denominações variam em cada país e dependem do tipo de negócio. Há duas possibilidades ao analisar a razão social de uma empresa:

a) A empresa já está constituída e, por algum motivo, se torna necessário que sua razão social seja alterada;

b) A empresa ainda não existe e deve ser criada a razão social.

Ao analisar a razão social é preciso obter três números positivos e equilibrados entre si: a soma das vogais, a soma das consoantes e a soma do nome completo. Esses três números devem trazer energias que permitam, entre outros pontos fundamentais, uma boa receptividade de um parceiro comercial e/ou do público consumidor, a renovação, a produtividade, a imagem positiva e a confiabilidade, assim como favorecer o desenvolvimento dos seus projetos, suas tomadas de decisão, seu reconhecimento e êxito como empreendedor.

Como você já sabe, cada letra do nome tem um número correspondente. Para você praticar e se preparar para quando for a vez de criar a razão social da sua empresa, vamos analisar mais alguns exemplos, usando a **Tabela de Conversão**. Observe no quadro abaixo onde está a razão social da empresa Google. Os valores correspondentes às vogais estão colocados na parte superior do nome e os valores correspondentes às consoantes estão colocados abaixo.

Primeiro some as vogais, depois, as consoantes, para então chegar ao total: soma das vogais mais soma das consoantes.

Como já dissemos de forma sucinta, a razão social de uma empresa é a sua base e, portanto, deve conter números que proporcionem solidez, confiabilidade e equilíbrio. Os números que trazem essa energia são o 8, o 6 e o 4. Pelo menos um destes números deve aparecer em um dos três números básicos que calculamos. No exemplo da Google Inc., você pode constatar que há a energia do número 8.

Soma das vogais		6	6			5		9			> 6 + 6 + 5 + 9 = 26 > 2 + 6 = **8**
	G	**O**	**O**	**G**	**L**	**E**		**I**	**N**	**C**	
Soma das consoantes	7			7	3				5	3	> 7 + 7 + 3 + 5 + 3 = 25 > 2 + 5 = **7**
Soma total											> 8 + 7 = 15 > 1 + 5 = **6**

Os outros números que irão compor a razão social devem estar relacionados com as características da empresa e seus objetivos. Por exemplo, o número 7 é perfeito para empresas de refinada especialização e tecnologia. Ele aparece na razão social Google Inc. e na razão social Apple Inc. Já o número 9, relacionado com responsabilidade social e diversidade, aparece em Natura Cosméticos S.A., uma empresa que tem compromisso com o desenvolvimento sustentável. O número 6, relacionado com estética, equilíbrio e prestação de serviços, aparece em Comercial Mexicana de Pinturas S.A. de C.V.

Vejamos mais alguns exemplos. O Cirque du Soleil é uma companhia canadense de entretenimento que recriou a arte circense de uma maneira muito especial e diferenciada. A razão social dessa empresa, fundada por Guy Laliberté, é Cirque du Soleil Inc. O número que lhe traz solidez é o 4, encontrado nas vogais do nome. O número 3, da soma das consoantes, está relacionado com comunicação, visibilidade e entretenimento. Por sua vez, o número 7, que é a soma de todas as letras, está relacionado técnica e especialização.

As sandálias Havaianas são um produto de sucesso da empresa brasileira São Paulo Alpargatas S.A. não só aqui como no exterior, tendo se transformado em marca *fashion*. Inspiradas nas Zori, as sandálias japonesas feitas de palha de arroz, as Havaianas deixaram de ser um chinelo popular para se tornar moda. De estilo colorido, despojado e confortável, as Havaianas são desejo de consumo em muitas lojas da moda dos Estados Unidos, da Europa e até mesmo em países mais longínquos como as Filipinas.

Na razão social São Paulo Alpargatas S. A. encontramos o número 4 na soma das vogais. Ele traz a energia relacionada com uma estrutura firme e segura. O número 5 da soma das consoantes relaciona-se com a criatividade da empresa, com a capacidade de transformação do produto e a capacidade de inovar. Na soma do nome completo há o número 9, que permite a universalidade da empresa, além de trazer a diversidade e ampliar limites e horizontes.

Em 1945, um jovem empreendedor, Hans Stern, abriu a sua primeira loja H. STERN. Seu primeiro contato com o mundo das pedras preciosas acontecera ao trabalhar como datilógrafo, aos 23 anos, em uma companhia brasileira de importação e exportação de minerais. Encantado com a beleza das gemas, ele começou como vendedor e, pouco tempo depois, já se dedicava a elaborar lindas joias, com design exclusivo. Sua estratégia foi vender aos turistas estrangeiros montando suas lojas em hotéis e nas cercanias dos portos. Na década de 1960, suas joias já eram conhecidas e desejadas por pessoas em todo o mundo. A ampla divulgação em revistas como *Time* e anúncios com importantes artistas mundiais que davam seu nome às coleções fizeram com que o nome H. STERN fosse conhecido como sinônimo de elegância, qualidade e exclusividade.

Na razão social H. Stern Comércio e Indústria S.A. encontramos o número 4 na soma das vogais. Ele traz a energia relacionada com ousadia, diversificação e criatividade. A versatilidade e capacidade de renovação são encontradas neste número. O número 3 da soma das consoantes relaciona-se com a comunicação, com a visibilidade e com temas que levam ao prazer e à vaidade. Na soma do nome completo há o número 8, que traz eficiência, segurança. Relaciona-se com poder e comando.

El Corte Inglés, a famosa loja de departamentos espanhola, teve origem em uma pequena alfaiataria infantil situada em Madri. Em 1935, Ramon Areces Rodríguez comprou a loja e, aos poucos, transformou El Corte Inglés em uma referência na Europa. Hoje, o grupo é constituído por empresas que atuam nos mais variados segmentos, tais como seguros, supermercados, turismo e construção.

Analisando a razão social El Corte Inglés S.A., encontramos uma das exceções na regra de cálculo dos números que compõem um nome. Quando o total da soma for 11, não se deve reduzir para 2. Considere sempre a energia do número 11. O número 4 aparece na soma das vogais do nome. Ele traz a energia relacionada com organização, base sólida e estruturada.

O número 7 da soma das consoantes relaciona-se com especialização. Embora o grupo El Corte Inglés tenha atividades diversificadas, ele se identifica como especialista em cada área de atuação. Na soma do nome completo há o número 11, que se relaciona à liderança, além de atrair oportunidades.

Por fim, **evite certas configurações, que não trazem equilíbrio para a razão social, como as listadas abaixo:**

- Vogais 7, consoantes 9, total 7
- Vogais 9, consoantes 7, total 7
- Vogais 7, consoantes 7, total 5
- Vogais 9, consoantes 9, total 9
- Vogais 2, consoantes 2, total 4
- Vogais 1, consoantes 9, total 1
- Vogais 9, consoantes 1, total 1
- Vogais 1, consoantes 1, total 2
- Vogais 2, consoantes 2, total 4
- Vogais 2, consoantes 9, total 2
- Vogais 9, consoantes 2, total 9
- Vogais 9, consoantes 4, total 4
- Vogais 4, consoantes 9, total 4

Evite também que a razão social tenha como soma total os números 5 ou 7, a menos que a empresa seja muito diferenciada ou especializada.

2. NOME FANTASIA OU MARCA

É fundamental que uma empresa tenha um nome fantasia com números positivos e bem equilibrados. O nome fantasia é o nome comercial, pelo qual a empresa é conhecida do público, clientes e funcionários. É a identidade dela.

O nome fantasia poderá estar visível em uma fachada de estabelecimento, como o nome de um restaurante, ou poderá estar estampado na etiqueta de uma roupa, no nome de uma revista, na embalagem de um produto, na assinatura de um anúncio, ou poderá existir virtualmente, como num site ou blog de internet.

O nome fantasia pode ser formado por palavras que estejam na razão social ou pode ter outra denominação completamente diferente. É comum que antes mesmo da razão social o empreendedor já tenha escolhido um nome fantasia para a sua empresa. É um nome que vem da sua inspiração. Esse nome fantasia poderá ou não dar origem ao nome de identidade jurídica.

No nome fantasia poderá figurar somente a marca, como Coca-Cola, McDonald's e IBM, ou poderá ser composto da "marca" e também pelas palavras que definem o objetivo da marca, mas que fazem parte de sua identidade visual, como por exemplo: Bar des Arts, L'Atelier de Jöel Robuchon, CVS Pharmacy, Quality Lavanderia etc.

O nome fantasia pode conter palavras como "assessoria", "eventos", "restaurante", "artesanato", "galeria de arte" etc.

Na escolha de um nome fantasia para a empresa devemos ter em mente suas características, ramo de atividade, proposta e objetivos e também a maneira como a empresa atua. Embora no nome fantasia existam três números (soma das vogais, soma das consoantes e soma de todas as letras), o mais importante é que tenha números adequados no somatório das consoantes e no somatório do nome completo.

Com base na descrição de cada número a seguir, ficará fácil escolher os números que poderão fazer parte do nome fantasia da sua empresa, de acordo com as características dela e de sua atividade:

1	Este número contribui para empresas muito dinâmicas, que competem para ser líderes no mercado, que enfrentam desafios constantes, que têm ideias originais e criativas e as aplicam em projetos inovadores e pioneiros. Facilita o aperfeiçoamento constante.
2	Este número abre os caminhos para empresas que buscam o agrupamento de pessoas em sociedades e colaboradores, têm grande capacidade de adaptação ao mercado, atraem apoio e investimentos, podem prestar assessoria para pessoas e empresas. Traz a possibilidade de ter um bom relacionamento com o público consumidor.
3	Este número facilita a interatividade com os meios de comunicação, estimulando a divulgação e a exposição. Atrai o público consumidor, abre os canais para a transmissão de ideias e usa a criatividade como forma de expressão.
4	Este número relaciona-se com funcionalidade e praticidade. Carrega a ideia de confiabilidade. Facilita tudo o que está ligado ao cotidiano e proporciona segurança. Tudo é conquistado por meio de um planejamento detalhado.
5	Este número facilita transformações rápidas, que trazem qualquer tipo de evolução. Ousadia, diversidade e criatividade são os condutores deste número. As novidades permitem atender a um público que é ávido por surpresas. Traz também modernidade.
6	Este número relaciona-se com prestação de serviços, recebendo o público, contribuindo para sua proteção ou agrupamento de pessoas. Cria empatia com o consumidor, trazendo a sensação de equilíbrio e segurança. Contribui para um ambiente harmonioso e acolhedor.

7	Este número está relacionado com atividades de lógica e tecnologia. Atrai o público que procura informação, conhecimento e solução de problemas. Atividades relacionadas com pesquisa e análise, estudos, desenvolvimento mental e intelectual são facilitadas por este número. Permite especialização em assuntos que exigem grande conhecimento.
8	Este número facilita a eficiência e, domínio sobre tudo o que se refere ao produto. Está relacionado com atividades que envolvem resistência e estratégia. Traz vitalidade para enfrentar e solucionar problemas, assim como segurança. Colabora para um desenvolvimento bem estruturado, dentro do que foi planejado, sem grandes sobressaltos.
9	Este número permite atividades que se diversificam nos mais diferentes ramos. Facilita a empatia e a interatividade com o público. Relaciona-se com serviços ou artigos de todos os lugares do mundo. A característica de universalidade faz com que seja eficaz em assuntos que envolvam um grande número de pessoas.
11	Este número é aberto a todo tipo de empresa. Ele expande o potencial dos outros números que estão na razão social. Tem características de liderança e abre-se para o que é original.

Nos exemplos que se seguem de grupos de marcas ou nomes fantasias, você pode observar os números que aparecem na soma das vogais, na soma das consoantes e na soma do nome completo.

Empresas de artigos de esportes	
ADIDAS	vogais número 11, consoantes número 9, total: 2
NIKE	vogais número 5, consoantes número 7, total: 3
Empresas automobilísticas	
HONDA	vogais número 7, consoantes número 8, total: 6
TOYOTA	vogais número 2, consoantes número 4, total: 6
BMW	consoantes número 11, total: 11
Empresas de alimentos	
COCA-COLA	vogais número 5, consoantes número 3, total: 8
PIZZA HUT	vogais número 4, consoantes número 6, total: 1
STARBUCKS	vogais número 4, consoantes número 2, total: 6
McDONALD'S	vogais número 7, consoantes número 6, total: 4
Empresas de tecnologia	
GOOGLE	vogais número 8, consoantes número 8, total: 7
APPLE	vogais número 6, consoantes número 8, total: 5
MICROSOFT	vogais número 3, consoantes número 7, total: 1
Empresa de cosméticos e bem-estar	
AVON	vogais número 7, consoantes número 9, total: 7
NATURA	vogais número 5, consoantes número 7, total: 3
Empresas de varejo	
COMEX	vogais número 11, consoantes número 4, total: 6
EL CORTE INGLÉS	vogais número 3, consoantes número 6, total: 9
AMAZON	vogais número 5, consoantes número 6, total: 11
CASAS BAHIA	vogais número 4, consoantes número 6, total: 1
Empresas de entretenimento e diversão	
CIRQUE DU SOLEIL	vogais número 4, consoantes número 4, total: 8
Empresas de moda	
LOUIS VUITTON	vogais número 9, consoantes número 8, total: 8
HAVAIANAS	vogais número 4, consoantes número 9, total: 4
H. STERN	vogais número 5, consoantes número 7, total: 3

Outros exemplos	
IKEA	vogais número 6, consoantes número 2, total: 8
CHRISTIAN DIOR	vogais número 7, consoantes número 5, total: 3
VICTORIA'S SECRET	vogais número 8, consoantes número 7, total: 6

3. O NÚMERO DO ENDEREÇO

O número do endereço onde está localizada a empresa também pode influenciar nos negócios e, por isso, deve ser analisado com carinho. Afinal, ele também traz uma energia que pode abrir um bom canal de energia para que você prospere.

Se o seu escritório está numa casa, devemos levar em consideração o número que consta na fachada, porém, em caso de salas situadas em prédios, o que vale é o número da sua porta e não o que está na rua. Para saber a energia desse número basta somar os algarismos até chegar a apenas um dígito. Para que você entenda melhor, vamos supor que sua empresa esteja numa casa e o número seja o 2.031. Somando-se 2 + 0 + 3 + 1, chegamos a um 6, que é a energia da localização dessa empresa.

Os números ideais para um estabelecimento empresarial são: 1, 3, 6 e 8.

O número 1 é indicado para empresas em início de atividade.

O número 3 é indicado para estabelecimentos comerciais, agências de propaganda e negócios que envolvam relacionamento com o público e necessitem de uma boa comunicação.

O número 6 é indicado para empresas prestadoras de serviços, estabelecimentos de saúde e ateliês de arte.

O número 8 é indicado para todos os tipos de empresas.

Os outros números, 2, 4, 5, 7 e 9, podem atrair energias desfavoráveis, como lentidão, travamento dos negócios, instabilidade, incerteza, desarmonia e perdas.

Caso a energia do número do imóvel que a sua empresa ocupa seja um desses números não recomendados, a sugestão é que ele seja equilibrado com o acréscimo de uma letra, para se atingir uma energia 1, 3, 6 ou 8, conforme o caso ou a situação do seu negócio.

Escolha a letra a ser acrescentada ao número de acordo com o seu valor na Tabela de Conversão de Letras em Números:

1	2	3	4	5	6	7	8	9
A	B	C	D	E	F	G	H	I
J	K	L	M	N	O	P	Q	R
S	T	U	V	W	X	Y	Z	

Considerando um outro exemplo, caso o imóvel onde sua empresa esteja localizado tenha o número 635, a situação será a seguinte:

635 > 6 + 3 + 5 = 14 > 1 + 4 = 5

O número 5 deve ser equilibrado, pois traz instabilidade e incerteza.

Se você deseja que a sua empresa tenha o número 8 como energia, atraindo força para impulsionar seus negócios, então busque na Tabela a letra que corresponde ao número 3, visto que 3 + 5 = 8.

A letra que corresponde ao 3 é C ou L ou U. Escolha uma dessas letras e coloque ao lado do número 635. A letra acrescentada deve ter um tamanho pequeno para não atrapalhar a visualização do número.

Assim, o novo número pode ser:

ou

ou ainda,

Pronto! Agora a energia do número do imóvel da sua empresa é 8. Simples, não?

4. OS MELHORES MOMENTOS PARA SE TOMAR DECISÕES

A vida ocorre em ciclos que duram 9 anos. Saber em que momento desse ciclo a pessoa (sócio ou executivo) se encontra significa poder ter condições para lidar melhor com os desafios, enfrentar com mais segurança os obstáculos e prevenir-se contra dificuldades. Conhecer essa energia também permite uma melhor organização, assim como o aproveitamento de todo o seu potencial, focando-o em algum tipo de atividade mais indicada em determinado período.

Conhecendo o número do ano é possível chegar ao número do mês e também do dia. Esses números são chamados de **Ano Pessoal**, **Mês Pessoal** e **Dia Pessoal**. Desse modo, será possível escolher as melhores datas para a assinatura de um contrato, para se começar um novo negócio, para se abrir uma empresa, para se buscar parceiros e uma grande variedade de ações e estratégias empresariais.

Assim como os demais cálculos, é muito fácil saber o número do ano em que uma pessoa se encontra. Basta somar a data do último aniversário: dia + mês + ano completo.

Exemplo: o último aniversário de um dos profissionais foi em 25 de julho do ano 2013.

Some 2 + 5 + 7 + 2013 até chegar a um só dígito, de 1 a 9. Nesse caso, temos:

2 + 5 + 7 + 2 + 0 + 1 + 3 = 20 > 2 + 0 = 2

Esse sócio está num **Ano Pessoal** 2. Mas não se esqueça de que o número do Ano Numerológico muda quando a pessoa faz aniversário. Portanto, no próximo aniversário, a energia desse sócio passará a ser 3.

É possível também conhecer a energia em que se encontra a pessoa em um determinado mês, ou seja, seu **Mês Pessoal**. Para isso, basta somar o Número do Ano Pessoal, como foi feito no exemplo acima, ao mês em questão.

Tenha sempre em conta que os meses são:
Janeiro = 1
Fevereiro = 2
Março = 3
Abril = 4
Maio = 5
Junho = 6
Julho = 7
Agosto = 8
Setembro = 9
Outubro = 10
Novembro = 11
Dezembro = 12

Se, por exemplo, essa pessoa está no Ano Numerológico número 2 e quer saber a sua energia no mês de abril, basta somar 2 + 4 = 6. Portanto, no mês de abril, ela estará sob a energia mensal 6, ou Mês Pessoal 6.

Podemos ir mais adiante e conhecer a sua energia em determinado dia, ou seja, seu **Dia Pessoal**. Para chegar a essa energia, basta somar o seu número do Mês Pessoal, como no cálculo acima, com o dia em questão. No mesmo exemplo, vamos supor que se deseja saber a energia dessa pessoa no dia 16 de abril. Como vimos, a energia dela em abril é **6**. Somando-se 6 ao dia 16, temos:

6 + 16 = 22 > 2 + 2 = 4

Resumindo, em 16/4/2013 a pessoa do exemplo terá a energia do **Ano Pessoal** número 2, a energia do **Mês Pessoal** número 6 e a energia no **Dia Pessoal** número 4.

Para facilitar a tomada de decisões é importante entender o que significa a energia de cada Ano, Mês e Dia que os empresários ou executivos estão vivenciando. Comecemos pelos Anos Pessoais.

Ano Pessoal 1

Neste ano um novo ciclo inicia-se na vida. É excelente para se começar um novo negócio. Este ano traz uma forte energia, vitalidade, coragem e grandes ideias. Visualize o que deseja, estabeleça um objetivo claro e faça um plano de ação. Tome a iniciativa e vá em frente. Você deve atuar com independência. Este ano depende totalmente da sua vontade, iniciativa e ousadia.

Ano Pessoal 2

Neste ano é importante rever suas parcerias, fazer novas sociedades e desfazer as antigas e desgastadas. É um ano lento, em que a cooperação é fundamental. Talvez você tenha que recuar algumas vezes, mas não deixe de cuidar das sementes que plantou no Ano 1. Você deve atuar com paciência, serenidade e diplomacia.

Ano Pessoal 3

É um ano de atividades constantes e crescimento nos negócios. Um período propício para divulgar seu trabalho e suas conquistas. Você pode ampliar sua rede de contatos profissionais mostrando e "vendendo" seu produto, serviço ou imagem. As viagens trazem prosperidade desde que você mantenha o foco em seus objetivos.

Ano Pessoal 4

Você se depara com a sua realidade e deve organizá-la. É importante dar atenção a todos os detalhes novos e os que foram deixados para trás. Por isso, os resultados podem aparecer mais lentamente. O período é de muito trabalho e busca de maior produtividade. O controle de gastos é essencial. Por outro lado, os investimentos devem ser feitos com cautela redobrada.

Ano Pessoal 5

É um ano de mudanças. Há instabilidades e imprevistos que exigem versatilidade e capacidade de adaptação. A criatividade e a ousadia são fundamentais para que você aproveite as mudanças e as transforme em oportunidades. Abra novas frentes e encare novos desafios. Este pode ser um período de renovação e progresso.

Ano Pessoal 6

Excelente período para formar equipes e obter colaboradores. Há oportunidades para conversações e acordos. Você pode receber convites para integrar grupos e participar de projetos. O ano foca o equilíbrio de seus negócios e das finanças. Essa é uma energia que pede organização e busca de harmonia, calcadas em boas relações.

Ano Pessoal 7

Trata-se de um período mais introspectivo, de reorganização e reorientação pessoal. Não é muito indicado para se tratar de novos empreendimentos. O foco é você, seus desejos e sua realização pessoal. Por isso, os negócios poderão não seguir a velocidade que você gostaria. Este ano favorece os estudos e as pesquisas, participação em cursos de especialização ou de conhecimento pessoal.

Ano Pessoal 8

É um período bastante ativo em que o foco está nos negócios, no ganho financeiro e no reconhecimento profissional. É necessário ter determinação e ambição, porém a humildade, senso de realidade e equilíbrio devem prevalecer. Use estratégias claras para chegar aos seus objetivos.

Ano Pessoal 9

Este é o ano de fechamento do ciclo e um período de transformação graças às escolhas que você faz. É necessário repensar o que foi feito no passado para então poder modificar e tomar um rumo sólido para o futuro. Você pode se sentir mais fragilizado, mas deve se esforçar por cortar os laços que o amarram. Finalize o que está em andamento e abra novas portas, ampliando as suas possibilidades futuras.

Agora vejamos as vibrações de cada Mês Pessoal.

Mês Pessoal 1

É ideal para começar um projeto ou abrir as portas de um negócio. Sua iniciativa e interesse são a mola propulsora. Há possibilidades de surgir uma nova proposta ou uma nova frente de atuação. O mês traz movimento e impulso. Há uma sensação de renovação no ar. Tenha atitude e aja com firmeza e determinação.

Mês Pessoal 2

Este mês requer cuidados extras e grande atenção aos detalhes. Pode exigir constante adaptação às outras pessoas que fazem parte da sua equipe de trabalho. Por isso, é preciso paciência para tornar a convivência mais proveitosa. Não é necessariamente um mês de muita atividade. Você está se ajustando às circunstâncias.

Mês Pessoal 3

Este é o mês das possibilidades. Sua criatividade está aguçada e há muito entusiasmo por tudo o que aparece. Este é o momento ideal para unir trabalho com satisfação. Você poderá fazer a divulgação de seu trabalho, visto que a receptividade é excelente. Tudo fica mais fácil durante este período: aproveite e dê um toque criativo ao que você faz. A comunicação com as pessoas é essencial e decisiva.

Mês Pessoal 4

Este é um mês importante para organizar tudo o que ficou para trás. O período exige dedicação e disciplina. Caso o mês anterior tenha trazido dispersão e perda de foco, agora é o momento para direcionar sua energia para a produtividade no trabalho. Estabeleça um bom planejamento e mantenha a rotina. Os obstáculos que aparecem devem ser transpostos com vontade e determinação.

Mês Pessoal 5

Este mês pode trazer eventos inesperados. Tudo pode mudar a qualquer momento. Mas isso não deve ser assustador. Pelo contrário, as mudanças exigirão novas ideias e novos direcionamentos, abrindo novas portas. Este é o mês da transição, por isso nada é completamente decidido ou formatado. Expansão nos negócios, publicidade, novas frentes e caminhos levam ao progresso. Ousadia e versatilidade são fundamentais para se atravessar um Mês Pessoal 5.

Mês Pessoal 6

O mês traz energia favorável para fazer acordos. As reuniões para discutir assuntos de negócios e contratos proporcionarão excelentes resultados. Equipes são formadas, e o trabalho realizado em conjunto é bastante produtivo, visto que há consenso e apoio mútuo. É também um mês para se buscar apoio para ideias e projetos; afinal, você atrai uma energia de receptividade e acolhimento.

Mês Pessoal 7

Período de reavaliação de suas metas tendo em vista a sua realização pessoal. É natural que você precise de tempo para refletir. Por isso, tudo acontece mais lentamente. Não é um mês propício para tomadas de decisão. Aproveite para restaurar sua energia pessoal e cuidar de você.

Mês Pessoal 8

Durante este mês você consegue ver claramente tudo o que estava confuso ou indefinido. É o momento de enfrentar e assumir os desafios. Os negócios e os investimentos são o foco. Você pode buscar maneiras de fazer a empresa se fortalecer. Cuide da administração de tudo, valorizando cada setor da organização. Estruture bem as finanças. Este período também poderá ser excelente para ampliação do seu mercado.

Mês Pessoal 9

Este é o período para fazer o balanço de suas ações. Reveja o que deu certo e o que não funcionou. Faça escolhas. Descarte objetivos e planos que não levam a lugar algum. Termine o que está em andamento e procure não começar uma atividade nova. Este pode ser um ótimo período para acertar assuntos que estavam sem definição.

E agora, veja a energia de cada Dia Pessoal.

Dia Pessoal 1

Comece, ouse, tenha coragem e aja de maneira independente. Você está cheio de energia, e o Universo espera por sua iniciativa.

Dia Pessoal 2

Tenha calma e dialogue. Escute o que os outros têm a dizer e não faça julgamentos precipitados. Espere, cuide de detalhes e coopere.

Dia Pessoal 3

Seja o mais sociável possível, marque reuniões e encontros. Aceite convites. Comunique-se e amplie sua rede social. Essa sociabilização poderá ser importante para expandir os negócios.

Dia Pessoal 4

Organize detalhes, planeje e aproveite melhor o seu tempo. Não saia da rotina e não corra riscos desnecessários.

Dia Pessoal 5

Novas ideias e acontecimentos estimulam a sua criatividade. Aproveite para fazer algo diferente e saia da rotina.

Dia Pessoal 6

Procure as pessoas, faça reuniões e busque o entendimento. Procure organizar detalhes. Valorize o ambiente de trabalho e as relações.

Dia Pessoal 7

Você terá maior intuição. Privilegie a reflexão e permita-se ficar só. Espere o dia seguinte para tomar decisões importantes.

Dia Pessoal 8

Com organização, eficiência e autocontrole você toma decisões e as executa. Use estratégias para chegar a seus objetivos.

Dia Pessoal 9

Resolva assuntos pendentes. Tenha uma atitude receptiva a novidades, mas evite começar algo totalmente novo.

ESTUDOS DE CASO

Caso 1

Com o intuito de colocar em prática tudo o que você aprendeu até agora e explicar o processo de uma análise empresarial, vamos usar como exemplo o caso abaixo.

Daniela nasceu em 14/07/1980, é casada e, agora que seus filhos já cresceram, decidiu dedicar seu tempo e seu talento no desenvolvimento de uma atividade fora de casa. Tem algum dinheiro aplicado e com ele pretende abrir um negócio. Sempre gostou de comércio, sobretudo porque permite lidar diretamente com o público. Após estudar e pesquisar o que conhece sobre produtos e serviços, está pensando em abrir uma loja de venda de roupas infantis.

Ela escolheu o local e já está reformando o imóvel, que precisa estar adaptado para o tipo de atividade comercial. E para determinar a razão social e o nome fantasia ela fez uso da análise de Numerologia. Antes disso, Daniela já havia pensado em algumas opções de nome para sua loja. Sua intenção é colocar o nome na fachada do estabelecimento. Pensou em duas alternativas para o nome fantasia do seu negócio:

ELANA ou MELODIES

No escritório de contabilidade ela recebeu a informação de que na razão social deveriam constar os termos: MODA INFANTIL LTDA.

Ela optou por usar um desses nomes, *Elana* ou *Melodies*, na razão social.

Vamos analisar a primeira opção:

5		1		1			6		1		9			1			9						1
E	**L**	**A**	**N**	**A**		**M**	**O**	**D**	**A**		**I**	**N**	**F**	**A**	**N**	**T**	**I**	**L**		**L**	**T**	**D**	**A**
	3		5			4		4				5	6		5	2		3		3	2	4	

Soma das vogais	> 5 + 1 + 1 + 6 + 1 + 9 + 1 + 9 + 1 = 34 > 3 + 4 = **7**
Soma das consoantes	> 3 + 5 + 4 + 4 + 5 + 6 + 5 + 2 + 3 + 3 + 2 + 4 = 46 > 4 + 6 = 10 > **1**
Soma total	> 7 + 1 = **8**

O número 7 refere-se à especialização do comércio, no caso, em moda infantil. O número 1 traz a energia do novo, da iniciativa, da originalidade. Por sua vez, o número 8 carrega a vibração da eficiência, vitalidade e firmeza.

Vamos agora analisar a segunda opção:

	5		6		9	5				6		1		9			1			9						1
M	**E**	**L**	**O**	**D**	**I**	**E**	**S**		**M**	**O**	**D**	**A**		**I**	**N**	**F**	**A**	**N**	**T**	**I**	**L**		**L**	**T**	**D**	**A**
4		3		4			1		4		4				5	6		5	2		3		3	2	4	

Soma das vogais	> 5 + 6 + 9 + 5 + 6 + 1 + 9 + 1 + 9 + 1 = 52 > 5 + 2 = **7**
Soma das consoantes	> 4 + 3 + 4 + 1 + 4 + 4 + 5 + 6 + 5 + 2 + 3 + 3 + 2 + 4 = 50 > 5 + 0 = **5**
Soma total	> 7 + 5 = 12 > 1 + 2 = **3**

Nesta razão social não existe nenhum dos números que podem trazer estabilidade e solidez para a empresa. Vimos anteriormente que os números que trazem essas características à empresa são: 8, 6 e 4. Por isso, a opção de razão social MELODIES MODA INFANTIL LTDA. foi descartada e a opção escolhida para a empresa de Daniela foi ELANA MODA INFANTIL LTDA.

Agora vamos verificar se o nome ELANA tem energia positiva para ser o nome fantasia de sua loja. Daniela deseja colocar na fachada do estabelecimento uma placa com esse nome que vai atrair ou não a atenção de potenciais clientes.

Verificando os valores do nome:

ELANA

Soma das vogais: 5 + 1 + 1 = 7

Soma das consoantes: 3 + 5 = **8**

Soma do total: 7 + 8 = 15 > 1 + 5 = **6**

Todos os números deste nome trazem energia positiva para a loja.

7 é o número da especialização.

8 é o número da eficiência, vigor e solidez.

6 é o número da beleza, do equilíbrio e relaciona-se com a arte, a moda e a prestação de serviços. Traz boa receptividade por parte do cliente.

A empresa de Daniela, portanto, será registrada com a razão social **Elana Moda Infantil Ltda.** e o nome fantasia **Elana**.

Caso 2

Jorge tem uma escola de idiomas há alguns anos, mas não está satisfeito com os resultados, visto que tem notado que a escola não conseguiu a visibilidade necessária e tem, por isso, atraído poucos alunos. Com o intuito de proporcionar uma guinada no seu negócio, ele procurou o auxílio da Numerologia. Quer conhecer a energia que existe nos nomes de sua escola e saber de que maneira pode equilibrá-las. Sendo assim, vamos verificar os elementos básicos que trazem energia a essa escola:

A razão social com que a escola está registrada é Concept Escola de Idiomas Ltda. O nome fantasia utilizado para se referir à escola e o que aparece na placa na fachada do prédio, nos formulários, folders, papelaria e apostilas utilizadas no curso é Concept Cursos. A escola de idiomas fica localizada no número 131.

Inicialmente, vamos verificar o nome da razão social, Concept Escola de Idiomas Ltda.

Seus números: soma das vogais = 9; soma das consoantes = 4; soma do nome completo = 4.

Como vimos, essa é uma das possibilidades de números na razão social que devemos evitar. O número 4 em excesso traz restrições ao progresso e à expansão e acompanhado do número 9 pode trazer atrasos e retrocesso.

O nome fantasia, Concept Cursos, possui os seguintes números: soma das consoantes 7, que reforça a especialização; soma do nome completo 9, que colabora para a universalidade.

Uma escola de idiomas tem como característica fundamental a comunicação. O número apropriado para essa função seria o 3, que não aparece no nome fantasia. É importante trazer essa energia e assim estimular a visibilidade e o objetivo da escola.

Vamos inicialmente equilibrar a energia da razão social. Depois de verificar algumas possibilidades, foi inserida a palavra “Cursos” no lugar da palavra “Escola”, e assim chegamos ao nome:

CONCEPT CURSOS DE IDIOMAS LTDA.

A nova razão social apresenta os seguintes números:

Soma das vogais: **6**

Soma das consoantes: **11**

Soma do total: $6 + 11 = 17 > 1 + 7 =$ **8**

Todos esses números estão equilibrados e trazem energia positiva para a empresa. Para o nome fantasia foi escolhido **Concept Escola de Idiomas**, com os números:

Soma das consoantes: **4**

Soma do total: **3**

Em seguida, analisamos o número onde o estabelecimento se encontra:

131

Como já foi visto, a energia 5 (soma de 1 + 3 + 1) pode trazer instabilidade e eventos inesperados. Em um empreendimento em que são necessários a segurança e o crescimento ordenado, o melhor é que esse número seja devidamente equilibrado. A sugestão é que Jorge acrescente a letra "C" ou "L" ou "U" do lado direito do número, para obter a energia 8.

Tanto Daniela, para inaugurar sua loja, como Jorge, para criar um novo nome para sua escola, escolheram datas apropriadas de acordo com seu ano, mês e dia numerológicos.

Uma inspiração final sobre a mudança da energia de uma Marca Pessoal: a comovente história do Seu Osiro

Quando Seu Osiro entrou no consultório, a infelicidade era visível em seu rosto e na postura corporal. Reservado, aquele senhor oriental de poucas palavras contou como se sentia incomodado com o rumo do seu destino. Queria entender por que sua vida, em especial no campo profissional, não havia deslanchado, por que se sentia "amarrado", sem conseguir realizar o potencial que sabia possuir. Disse que esperava encontrar na Numerologia as respostas para o seu desânimo diante do trabalho, e mesmo em relação à sua vida pessoal. Trabalhava na área administrativa de uma multinacional e havia muito convivia com a frustração causada pelo rumo que tomara sua profissão.

Contou bem pouco da sua história familiar e profissional. Mas nem precisava, pois seus números já revelavam claramente as razões de suas aflições e ansiedades. Ouviu atentamente enquanto falamos de todos os números, relacionando-os com o seu nome e a sua data de nascimento. Seu Osiro encontrava-se num ano pessoal que o levava a buscar respostas para as suas angústias.

Baseando-se no estudo feito, foi sugerida uma pequena mudança no nome. O simples acréscimo de uma letra — o H — lhe traria uma energia que lhe faltava, visto que seus números não estavam equilibrados, carecendo de harmonia.

Ao ouvir a sugestão tão simples de colocar um H em seu nome, Seu Osiro empalideceu. Não emitia uma só palavra, e seu silêncio transmitia algo estranho. Talvez não tivesse entendido nada. Quando indagado se tinha alguma dúvida, ele finalmente se manifestou, surpreso:

"Estou admirado! Então devo colocar a letra 'H' no meu nome?! Isso é incrível."

Com muita emoção, pôs-se a falar, como se confidenciasse algo:

"Vou contar minha história para a senhora. Vim do Japão com a minha família lá pelos anos 50. Ao chegarmos ao Brasil, o escrivão do Serviço de Imigração estranhou o nosso nome de origem. Ao examinar o meu registro de nascimento, disse que a grafia do meu nome não existia na língua portuguesa e resolveu então, por conta própria, fazer uma pequena alteração: ***retirou a letra H do meu nome***."

Respirou fundo antes de exclamar:

"Aparecida, o meu nome de verdade não é OSIRO, como me registraram no Brasil! Meu nome é OSHIRO! E sabe o que quer dizer OSHIRO?"

Aquele homem discreto então abriu os braços e falou com firmeza e muita emoção:

"Grande imensidão de branco! Ao retirar uma letra do meu nome, me deixaram no escuro e eu não encontrava a saída."

Os olhos do Seu Oshiro se encheram de lágrimas com a voz embargada, ele continuou:

"E agora a senhora diz que no meu nome falta a letra H? Como a senhora sabia?..."

Seu Oshiro colocou a letra H no nome, alterando sua Marca Pessoal. Meses depois, ele escreveu uma carta comovente. As amarras que o prendiam tinham se desatado, e ele se mostrava emocionado, agradecido, tranquilo e muito mais feliz. Seu verdadeiro nome lhe abrira um novo e definitivo caminho de realização.

BIBLIOGRAFIA

MAGEE, David. *O segredo da Toyota: como a Toyota se tornou a nº 1*. Rio de Janeiro: Campus, 2008.

SCHULTZ, Howard. *Dedique-se de coração: como a Starbucks se tornou uma grande empresa de xícara*. São Paulo: Elsevier, 1999.

VISE, David A. e MALSEED, Mark. *Google: a história do negócio de mídia e tecnologia de maior sucesso dos nossos tempos*. Rio de Janeiro: Rocco, 2007.

Este livro foi composto na tipologia Adobe Garamond Pro,
em corpo 11,5/14,7, e impresso em papel off white,
na Yangraf.